5 Questions,
성장하는 조직의
다섯 가지 질문

5

Questions,
성장하는 조직의
다섯 가지 질문

신경수 지음

21세기북스

지난 20년 동안 HR 컨설턴트라는 이름으로 인사 영역에서 한 우물을 파왔다. 이름만 들어도 알 만한 유명 기업의 CEO는 물론 이제 막경영을 시작한 스타트업의 주인공도 수없이 상담해왔다. 그 과정에서 끊임없이 나를 따라다닌 화두는 '어떤 기업이 성장하고 어떤 기업이 몰락하는가?', '조직의 성공과 실패를 구분하는 기준은 무엇인가?'와 같은 근본적인 질문이었다. 이런 질문을 하면 대부분 사람들은 시대 상황이나 주변 환경이 성장과 몰락의 주요인이라고 대답한다. 나 또한 회사를 책임지는 CEO의 입장에서 환경 변화가 사업에 얼마나 큰 영향을 미치는지 알고 있다.

하지만 주변 환경과 시대 상황을 이유로 모든 것을 설명할 수는 없다. 부분적으로는 인정하지만 절대적 요인은 아니며, 실패의 원인을 외부 환경 탓으로만 돌리는 것은 무책임하기 때문이다. 환경 변화를 예측하고 대비하는 것도 경영자의 중대한 의무다.

외부 변수보다 내부적으로 지속 성장을 가능하게 하는 힘이 무엇인지 찾기 위해 오랫동안 많은 노력을 기울인 결과, 기업의 '성장과 몰락'을 구분 짓는 중요한 다섯 가지 기준을 발견했다. 또한 기업의 성장과 몰락은 외부 환경보다 내부 요소가 더 큰 영향을 미친다는 사실도 깨달았다. 물론 세계가 하나의 단일한 시장으로 연계되어 있는 현실에서 외적 환경 요소를 전혀 무시할 수는 없다. 다만 예측하기 어려운 상황에서도 조직력이 강한 회사는 위기를 극복하고 앞으로 나아가는 반면, 내부 결속력이 약한 회사는 아무리 조건이 좋아도 무너질 수 있다.

그렇다면 지속 성장을 가능하게 하는 '강한 내부의 힘'은 무엇일까? 도대체 어떤 요소가 성장하는 기업과 몰락하는 기업을 구분 짓는 걸까? 성장하는 기업의 다섯 가지 차이는 '일관성·진정성·수용성·사명감·감수성'으로, 이 요소들이 조직 내부에 풍성하게 흐르는 기업이 지속 성장을 이룬다. 다섯 가지 요소가 부족한 조직은 아무리 다른 변수가 우호적으로 작용한다 해도 결과적으로는 몰락의 길을 걸었다. 성장 기업의 다섯 가지 조건을 살펴보면 다음과 같다.

첫째, '일관성'은 좌충우돌하지 않는 일관된 방향을 의미한다. 조직 내부에 흐르는 거대한 물줄기처럼 조직을 한 방향으로 이끄는 내비게이터 같은 기능을 의미하기도 한다. '소 걸음으로 천 리 간다'는 뜻의 우보천리(牛步千里)라는 말처럼 변함없이 우직하게 한 분야에만 몰입해온 기업은 잠깐 흔들리긴 해도 결국 원위치로 돌아오는 경우가 많았다. 이런 현상은 조직 내부의 인간관계나 시스템에서도 마찬가지였다. 명확한 비전이나 구체적인 설명 없이 추진된 계획은 실패로 이어지는 반면, 일관된 메시지를 담아 한 줄기로 이어지는 비전과 핵심가치의 설정은 결국 좋은 결과로 귀결된다. 또한 오랜 시간 함께한 동료들이 많은 조직일수록 결속력이 강해서 위기의 순간에 빛을 발했다.

둘째, '진정성'은 고객과 직원을 진심으로 대하는 마음이다. 아울러 거짓말을 하지 않는 솔직함과 투명함의 가치를 의미한다. 우리 회사는 고객의 절반이 미국, 일본 등의 외국 기업이다. 국내 기업과 비교할 때 외국 기업의 체계적인 시스템이 바로 투명성이다. 외국 기업의 경우 직원과 고객에게 정보를 거의 숨기지 않고 모든 것을 공개하는 시스템이 일반화되어 있는 반면, 국내 기업은 반대로 숨기려는 경향이 강하다. 그러다 보니 불필요한 오해가 생기고, 거짓과 부패가 고개를 드는 경우도 종종 발생한다. 기업은 신뢰로 먹고사는데 고객과 직원의 신뢰를 잃어버린 기업은 절대 오래가지 못한다.

셋째, '수용성'은 개방적 사고를 말한다. 항상 배운다는 생각으로 지식과 정보를 끊임없이 습득하기 위해 노력하는 자세다. 국내 기업의 경우 특히 혈연, 지연, 학연이 뿌리 깊게 작용하는 소수의 네트워크에 의해 경영되는 경우가 많은데, 이는 기업 성장의 한계를 드러내는 가장 큰 요인으로 작용한다. 따라서 개방적 사고를 가지고 새로운 변화를 수용하며 외부 인재가 활약할 수 있는 무대를 만들어주는 것이 중요하다. 이를 위해서는 조직 내부의 원활한 소통이 이루어져야 한다.

넷째, '사명감'은 조직과 고객을 위해 자신의 자리에서 최선을 다하는 책임감이다. 책무를 다하는 일이야말로 조직성장에 꼭 필요한 기본 조건이다. 이는 고객에게도 마찬가지다. 고객에 대한 책무에 최선을 다하려는 마음은 실적이라는 직접적인 결과물로 나타난다. 이러한 책임 의식은 나아가 본인이 제공하는 서비스나 상품에 담긴 의미를 소중히 여기는 사회적 책임감으로 확대될 수 있다. 조직과 사회에 보탬이 되길 원하는 구성원이 많을수록 더 좋은 결과가 나온다.

기업과 사회의 사명감을 강하게 느끼며 스스로 성찰하는 조직은 더 큰 성장을 이룰 수 있다.

  다섯째, '감수성'은 인간의 기본 심리에 대한 이해를 바탕으로 조직과 구성원이 가져야 하는 마음가짐을 의미한다. 인간의 심리에 대한 이해는 마케팅 활동에도 필요하지만 조직관리에도 큰 도움이 된다. 기업이 구성원을 어떻게 바라봐야 하는지, 조직의 구성원으로서 기본적으로 갖추어야 할 자세나 마음가짐이 무엇인지 생각해봐야 한다. 이러한 심리와 마음을 이해하면 관리자와 직원 사이에 갈등을 해결하고 존중을 촉진하여 기업 성장의 기본 요소인 신뢰가 강화된다. 또한 신뢰는 고객 만족으로 이어지는 선순환 구조를 만드는 촉매제가 된다.

  외국 기업과 국내 기업을 동시에 상대하고 있는 HR 컨설팅 회사의 CEO로서 비교적 객관적인 시각에서 '성장 기업의 조건'을 분석했다. 성장 기업의 다섯 가지 조건은 조직관리의 핵심 원칙으로서 이에 대한 질문과 성찰이 조직 내부에서 끊임없이 이루어져야 한다. 이런 시각에서 나온 다양한 경험들이 많은 사람들에게 인사이트가 되어 조직관리에서 혹시나 있을지 모를 시행착오를 줄이는 데 보탬이 되기를 기대한다.

끝으로 오늘의 나를 있게 해준 사랑하는 어머니께 이 책을 바친다. 다섯 남매의 막내로 나를 낳은 어머니는 팔순을 훨씬 넘긴 지금도 여전히 막내를 걱정하신다. 아픈 데는 없는지, 밥벌이는 제대로 하고 있는지. 그런 어머니께 이제 걱정하지 않으셔도 된다는, 밥벌이는 하고 있다는 안심을 선물하고 싶다.

2017년 7월
삼성동 사무실에서

차례

Question 1
일관성, 원칙을 지키는가?

Question 2
진정성, 진심을 다하는가?

Question 3
수용성, 균형을 중시하는가?

Question 4
사명감, 놓친 것은 무엇인가?

Question 5

감수성, 이해하고 배려하는가?

일관성,
원칙을
지키는가?

'일관성'은 좌충우돌하지 않는 일관된 방향을 의미한다.
조직 내부에 흐르는 거대한 물줄기처럼 조직을 한 방향으로 이끄는
내비게이터 같은 기능을 의미하기도 한다.

당신의 조직은 한목소리를 내는가?

삼성의 대형 충격 요법

한 방향으로 조직을 끌고 가기 위해서는 일관된 슬로건이 필요하다. 어떤 대가를 치르더라도 포기할 수 없는 핵심가치는 조직을 하나로 모으는 구심점이 된다. 이러한 행동 규범이 구성원의 행동 양식과 기업 실적에 얼마나 큰 영향을 미치는지를 보여주는 사례가 있다. 바로 대한민국 대표 기업 삼성전자의 구미공장 화형식 사건이다.

1993년 6월 7일은 삼성이 독일 프랑크푸르트에서 '신경영'을 선포한 날이다. 이건희 회장이 강조한 신경영의 핵심 키워드는 '품질 경영'이었다.

"양 위주의 성장은 반드시 한계에 부딪힌다. 양적 사고는 불량품 생산에 대한 면죄부만 줄 뿐이다."

그러면서 그는 이렇게 강조했다.

"삼성은 자칫 잘못하면 암 말기에 들어갈 가능성이 있다. 암은 초기에 수술하면 나을 수 있지만 3기에 들어가면 누구도 못 고친다. 내 말은 양과 질의 비중을 5:5나 3:7 정도로 하자는 것이 아니다. 아예 0:10으로 가자는 것이다. 질을 위해서라면 양을 희생시켜도 좋다. 제품과 서비스, 사람과 경영의 질을 끌어올리기 위해 필요하다면 공장이나 라인을 중단해도 좋다."

그러나 이 회장의 강력한 의지에도 불구하고 현장 분위기는 크게 달라지지 않았다. 사람의 습관처럼 오랫동안 반복된 행동에 의해 형성된 조직문화는 아무리 오너가 목소리를 높인다 한들 하루아침에 바뀌지 않는다. 불량률을 줄이기 위해서라면 생산 라인을 중단해서라도 품질을 끌어올리겠다는 이 회장의 의지는 양적 성장을 우선시한 조직의 암묵적인 행동 패턴을 크게 바꿔놓지 못했다. 이대로는 신경영 선포가 일회성 이벤트로 끝나버릴지 모른다는 위기감에 휩싸인 이 회장은 특단의 조치를 취해야겠다고 결심한다. 모두의 머릿속에 앞으로 삼성이 무엇을 우선시할지에 대한 새로운 핵심가치를 확실히 각인시킬 필요가 있다고 생각한 것이다.

여기서 나온 충격 요법이 '화형식'이었다. 삼성전자 최고의 히트 상품인 애니콜을 전부 불살라버리는 의식을 거행하여 그의 의지를 말이 아닌 행동으로 보여준 것이다. 기술과 품질의 삼성을 표방한 신경영이 선포된 지 1년 반이 지난 1995년 1월, 이 회장은 변하지 않는 조직문화를 근본적으로 뜯어고치기 위해 애니콜 15만 대를 수거하고 화형식을 거행한 후 전량 폐기 처분하는 특단의 조치를 취했다. 이 회장을 포함한 삼성 수뇌부의 수십, 수백 번에 걸친 장황한 연설보다 단 한 번의 극적인 조치로 직원들에게 이제부터 삼성이 어떤 회사가 될 것인지를 분명하게 보여준 계기가 되었다. 다음은 1998년에 발간된 『삼성 60년사』에 수록된 내용이다.

"이 정도면 잘하고 있는데, 처음에는 자존심도 상하고 서운하기도 했다. 하지만 화형식을 지켜보며 위기감이 절절하게 느껴졌다."

― 권오현(삼성전자 부회장)

"지금도 잊혀지지 않는다. 15만 대의 핸드폰, 내 자식 같은 무선전화기가 타는 것 같았다. 그 화형식이 계기였다. 우리 가슴속에 불량에 대한 안이한 마음을 털끝만큼도 남기지 않고 다 태워버렸다. 새로운 출발이었다. 지금의 삼성은 거기서 시작됐다."

― 신종균(삼성전자 사장)

"이건희 회장은 1990년대에 들어서자마자 기술 경쟁력을 강조했다. 당시만 해도 제대로 이해하기 어려운 얘기들이었다. 하지만 구미 공장의 화형식 이후로 앞으로의 경쟁력이 어디서 비롯되어야 하는지를 알게 되었다."

― 윤부근(삼성전자 사장)

조직의 미래 모습이 하부 단위에 얼마나 침투되었는가에 따라 기업의 성패가 갈린다. 2017년 2월 취업 포털 '잡코리아'는 '기업 문화와 실적의 상관관계'라는 주제로 설문조사를 실시했다. 전국 1,197개 기업의 인사 담당자를 대상으로 실시한 조사에서 첫 질문은 '조직의 방향성이 조직원 모두에게 충분히 전달되었는가?'였다. 우리 회사는 무엇을 하는 회사이고, 무엇을 가장 소중히 여기는지, 3년 후와 10년 후 모습이 확실히 정립되어 있는지, 그리고 그런 이미지가 조직원 모두에게 공유되어 있는지를 물었다.

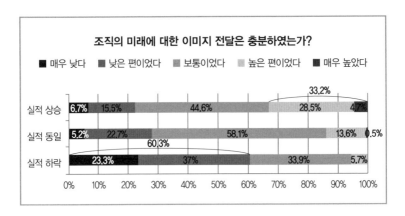

2015년 대비 2016년 실적이 오른 기업들은 '그렇다(높다)'는 긍정적인 답변이 전체의 1/3인 33.2%인 반면, 실적이 떨어진 기업들은 긍정적 답변이 5.7%에 불과했다. 더 놀라운 것은 실적이 떨어진 기업들에서 '그렇지 않다(낮다)'고 대답한 답변이 60.3%나 됐다는 사실이다. 우리가 무엇을 하는 회사인지, 우리는 어디로 가고 있는지에 대한 이미지를 구성원이 공유하는지 여부가 얼마나 중요하고 실적에 크게 영향을 미치는지를 극명하게 보여주는 데이터다. 더 놀라운 사실은 팀장과 팀원으로 나누어 분석한 결과, 실적이 오른 기업의 경우 양쪽 모두 구성원의 절반인 50%가 이미지를 공유한다고 대답한 반면, 실적이 떨어진 기업의 경우에는 10%에 불과했다는 사실이다.

이러한 주제를 가지고 한 중견기업의 관리자들을 대상으로 예정에 없던 실험을 해보았다. 각각에게 빈 종이를 나누어주고 '우리 회사가 바라는 미래의 모습은 어떤 모습입니까?', '우리 조직이 강조하는 핵심가치 중에서 가장 중요시하는 것은 무엇입니까?'라는 질문을 던져보았다. 재미있게도 20명의 관리자 가운데 같은 답변을 한 사람들의 수가 5명을 넘지 않았다. 실제로 이 기업은 최근 3년간 거의 실적 변동이 없었다.

조직의 미래 모습을 달성하기 위해서는 기업이 소중히 여기는 가치관을 공유하는 것이 중요하다. 무엇을 만들고 어떻게 파느냐의 문제를 고민하기 전에 조직이 나아갈 방향이 어디인지, 어떤 회사가 되고 싶은지를 구성원 모두가 공유하고 한목소리를 내는 조직이 잘될 수밖에 없다.

기업의 미션은 파도와 같다

도요타와 현대가 로봇을 만드는 이유

1908년, 포드자동차의 창업자인 헨리 포드는 "자동차가 더 이상 상류층만을 위한 고급품이 되어서는 안 된다. 누구나 타고 다닐 수 있는 서민들의 대중적인 교통 수단이 되어야 한다"라는 사명감으로 일반인들을 위한 새로운 자동차를 시장에 내놓았다. 기존 고급 모델이 당시 2,000달러였던 점을 감안하면 800달러짜리 T모델은 업계의 상식을 파괴하는 획기적인 가격이었다. 포드는 T모델의 대중화에 힘입어 단숨에 업계 1위로 도약한다.

처음부터 포드가 '서민을 위한 자동차' 만들기에 매달린 것은 아니다. 1903년 포드자동차를 설립한 헨리 포드는 여느 자동차 회사 오너들과 마찬가지로 구매력이 있는 부유층을 대상으로 모델을 만드는 데 역량을 집중했다. 그러나 고급 자동차 시장의 한계를 내다본 혜안과 대중을 위한 자동차를 만들고 싶다는 개인적인 소망으로 T모델을 탄생시켰고, 이는 결국 시대의 획을 긋는 역사적인 작품이 되었다.

그 후 인류는 값을 매길 수 없을 만큼 시간과 공간의 자유를 누리며 풍요로운 삶을 살게 되었다. 포드가 없었더라면, 지금 우리가 누리는 시공간의 자유는 여전히 특정 집단만이 공유하는 불평등의 씨앗으로 존재하고 있을지도 모른다. 그런데 2016년 이런 시공간의 자유에 버금갈 만한 사회적 반향을 불러일으킨 혁명적인 뉴스를 도요타 자동차에서 발표했다. 우리 돈 40만 원대의 미니 로봇 '키로보 미니(KIROBO mini)'의 판매 소식이었다.

뉴스를 접한 순간 머릿속에 '왜?'라는 질문이 떠올랐다. 무엇 때문에 자동차 회사가 로봇을 만들까? 산업용 로봇이었다면 납득했을 것이다. 보유 기술을 활용할 수 있고, 자동차를 만드는 데도 큰 도움이 될 테니까. 그런데 엉뚱하게도 사람 손바닥만 한 크기의 장난감 같은 미니 로봇이라니.

나와 같은 궁금증을 가진 사람들이 많았는지 도요타는 키로보 미니의 판매를 발표하면서 그 이유를 이렇게 설명했다. "사람과 차가 파트너가 될 수 있도록 서로의 마음을 연결해주는 가교가 되기를 바랍니다. 아울러 차와 운전자를 이어주는 커뮤니케이션의 가교로서 키로보 미니의 역할을 기대합니다."

여기까지는 일본 현지 언론과 발표를 그대로 한국 언론에 게재한 내용이다. 그런데 마음 한구석에 뭔가 석연치 않은 느낌이 일었다. 분명 다른 이유가 있을 듯했다. 일본 최대의 경제 잡지 『주간다이아몬

드』에 실린 '도요타가 로봇을 만드는 이유'라는 제목의 특별 기획 기사를 통해 그 답을 찾았다.

기사에 따르면, 도요타는 2015년 9월 인공지능(AI) 연구의 양대 산맥이라 불리는 미국의 MIT, 스탠퍼드대와 공동으로 AI연구센터를 만들었다. 그리고 같은 해 11월 실리콘밸리에 AI 개발 거점으로서 TRI(Toyota Research Institute)를 설립함과 동시에 향후 3년간 총 1,000억 엔(약 1조 원)을 AI 개발에 투자할 계획이라고 발표했다. 바로 그 첫째 작품이 키로보 미니였는데 도요타는 왜 로봇을 선택한 걸까? BMW를 비롯한 세계 유수의 자동차 메이커들이 자율주행이라는 목표로 AI를 연구하고 있을 때 도요타는 다른 목표를 가지고 AI에 접근한 이유는 무엇일까? TRI의 CEO 길 프랫은 인터뷰에서 다음과 같이 말했다.

"일본의 고령화 및 1인 생활 비율은 세계 1위입니다. 퍼스널 로봇 분야에 있는 사람들에게는 다양한 자료를 실험할 수 있는 최고의 시험 무대가 아닐 수 없습니다."

다시 말해 1인 생활자 비율이 높고 고령화가 가장 빨리 진행되고 있는 일본 시장을 시험장으로 삼아 AI 데이터 확보와 활용도를 높이겠다는 생각이다. 말동무가 가능한 퍼스널 로봇은 희로애락의 감정을 실시간으로 수집할 수 있으며, 이러한 데이터가 쌓일수록 최상의 알고리즘이 구축되어 인간과 로봇의 휴먼 커뮤니케이션 완성도를 높이는 데 큰 도움이 된다는 것이다.

40만 원대의 비교적 저렴한 가격으로 노인을 포함한 1인 생활자의 말동무가 될 미니 로봇을 시판하고, 로봇을 통해 인간의 희로애락을 비롯한 삶의 모든 데이터를 수집한다. 이 데이터는 운전자의 안전을 넘어 운전자의 즐거움과 기쁨을 공유하는 친구가 된다.

지금까지 도요타가 표방한 슬로건은 '안전과 환경을 고려한 자동차'인데 '도요타의 새로운 미션'이라는 새로운 캐치프레이즈를 보면 '운전자의 감정을 공유하는 자동차'라는 말이 눈에 들어온다. 다시 말해, AI와 로봇에 대한 투자는 궁극적으로 운전자의 감정을 느끼는 자동차를 만들기 위한 과정이라고 볼 수 있다.

그렇다면 대한민국을 대표하는 자동차 회사인 현대자동차는 어떨까? 모르는 사람이 많겠지만, 현대도 로봇을 만든다. 2016년 현대는 자사가 개발한 로봇 수트를 입고 무거운 짐을 번쩍 들어올리는 연구원의 사진을 공개했다. 무거운 물체를 옮겨야 하는 생산 현장에서 유용히 쓰일 로봇 장치는 허리와 무릎에 거의 무리를 주지 않으면서 장시간 작업을 가능하게 해준다고 한다.

현대의 미션과 비전은 '2020 비전, 평생을 함께하는 인생의 동반자가 되는 자동차'다. 그렇다면 지금 개발하고 있는 웨어러블 로봇은 무엇일까? 왠지 미션과 연계되는 일체감이 느껴지지 않았다. 포드가 '자동차의 대중화'를 위해 기존의 모든 생산 방식을 뒤집은 것처럼, 도요타가 '운전자와 감정을 공유하는 자동차'를 만들기 위해 로봇 개발에 뛰어든 것처럼, 현대의 조직 역량도 미션과 연계해 움직여야 하지 않을까?

기업에 있어 미션은 조직이 나아갈 방향성을 제시하는 것이며, 조직을 몰아가는 파도와 같다. 숭고한 가치든 기업 중심의 가치든, 조직의 모든 기능은 미션을 수행하기 위한 행동으로 통일되어야 한다. 포드와 도요타의 사례를 보며 조직의 미션 수행을 위해 우리는 과연 얼마나 통일된 자세로 정렬되어 있는지 내부를 돌아보는 계기가 되었으면 하는 바람이다.

원칙은 절대 변하지 않는다

피터 드러커와 잭 트라우트의 가르침

나는 출판 분야에 관심이 많아서 관련 업계의 사람들을 비교적 많이 아는 편이다. 규모가 큰 출판사는 물론 소규모 출판사의 사장들과도 마음을 터놓고 이야기를 나눌 만큼 친분을 유지하고 있다.

은퇴 후 무슨 일을 할 거냐는 질문을 받는다면 "1인 출판사를 해보고 싶어요"라고 답할 정도로 책 보는 것을 좋아하고 작가들도 좋아한다. 그러다 보니 신간이 나오면 관심을 갖고 살펴본다. 제목을 보고 어느 출판사에서 나온 책인지, 작가는 누구인지 등을 찾아보며 내용을 짐작해본다. 제목을 보면 군이 책의 내용을 읽지 않더라도 요즘 사람들의 관심사와 시대적 트렌드를 읽을 수 있다. 추론이 맞든 틀리든, 내 소소한 즐거움 가운데 하나다.

그런 면에서 볼 때 요즘 대세는 '4차 산업혁명'이다. 신간은 말할 것도 없고 각종 강연의 단골 주제다. 콘텐츠의 메시지와 관련이 없어도, 모임의 성격과 연관이 없어노 제목에 '4차'라는 단어를 넣지 않으면 안 된다고 관계자들은 말한다. 그래야 요즘 사람들이 관심을 갖기 때문이다. 특히 관공서를 대상으로 사업을 하는 사람들은 이런 유행어에 민감하다. 물론 정부가 어떤 유행어를 화두로 삼느냐도 중요하겠지만, 대개 이렇게 등장한 유행어는 모든 프로젝트의 핵심이 되기 때문이다.

그렇다면 유명 석학들은 시대에 편승하는 이런 현상을 어떻게 생각할까? 흥미로운 사실은, 경영의 대가로 불리는 피터 드러커나 미래학자 톰 피터스의 경우, 출판사가 시대에 맞춰 새로운 용어를 이용해 원고를 편집하는 것을 극도로 꺼렸다고 한다. 자신의 이론이 시대를 관통하는 불변의 이론으로 존중받기를 바라는 마음 때문이다.

나 역시 그렇다. 우리 회사의 비즈니스 모델 중에서 가장 큰 비중을 차지하는 '조직력', '관리력', '핵심가치 내재화' 등의 교육을 진행하면서 새로운 유행어로 기존의 콘텐츠를 바꿔본 적이 한 번도 없다. 이해를 돕기 위해 유행하는 사례를 소개한 적은 있지만, 현란한 수식어를 동원해 수강생들을 속인 적은 없다. 비즈니스 모델 자체가 워낙 기본 이론을 다루고 있기도 하지만, 무엇보다 '조직력 향상'이나 '핵심가치 전파' 등과 같은 콘텐츠는 시대를 넘어 통용되는 불변의 요소이기 때문이다. 간혹 "아인스파트너의 콘텐츠는 왜 그렇게 올드 하냐?"라는 말을 들을 때도 있다. 하지만 결국 "아인스파트너의 콘텐츠는 시간이 갈수록 가치가 느껴진다"는 답이 돌아온다.

마케팅 대가이자 트라우앤파트너스 대표인 잭 트라우트 역시 『마케팅 불변의 법칙』에서 기본 원칙을 강조한다. "불변(不變), 그것은 결코 변하지 않는 것을 의미한다. 좋은 마케팅 전략이란 바로 그런 것이다. 원칙은 절대 변하지 않는 법이다."

경영학의 바이블로 칭송받는 피터 드러커의 『경영의 실제』에 소개된 '경영의 원칙' 또한 기본을 강조한다. "기업의 존재 이유는 고객이고 기업의 목적은 시장을 창출하는 것이다. (…중략…) 즉 기업의 목적과 사명이 무엇인가에 대한 정의를 내려야 하는데, 그 출발점은 바로 고객에게 있다. 그리고 경영자의 성과 목표는 이를 향해야 한다." 지금으로부터 70년 전에 만들어진 이론이라 하기에는 믿기지 않을 정도의 혜안이다.

나는 HR 컨설턴트로서 다양한 비즈니스군을 형성하고 있는 많은 기업들을 상대하면서 원리 원칙에 충실한 기업들을 목격하곤 한다. 반대로 시대적 조류에 편승하기 바쁜 회사들도 보았다. 한 가지 흥미로운 사실은 구성원을 하나로 묶는 원리 원칙이 존재하는 기업의 조직력이 압도적으로 뛰어났다는 점이다. 그런 불변의 법칙이 우리 조직에 존재하고 있는지 한번쯤 생각해볼 일이다.

생각하지 않고 무조건 따라가는가?

사장 마음대로의 독

한때 영미권에서는 WAF(Wife Acceptance Factor)라는 단어가 유행했다. 우리말로 풀자면 '아내 승인 요소'인데, 아무리 생각해도 '아내 마음대로'라는 뜻으로 해석된다. 아마도 모든 의사결정을 아내가 하는 내 상황이 자꾸 오버랩이 되어서일 것이다. 소비자의 구매 결정 프로세스에서 아내의 절대적 영향력이 우리나라에만 있는 아주 특별한 현상이라고 생각했는데, 미국을 비롯한 유럽에서도 보편적 현상이라는 사실은 매우 흥미롭다.

요즘은 모든 구매 프로세스에서 여성이 갖는 영향력이 절대적이다. 동네 슈퍼마켓에서 생필품을 구매할 때는 말할 것도 없고, 집에 들이는 전자제품이나 자동차 같은 고가의 제품을 결정하는 상황에서도 최종 결정권은 대부분 여성이 쥐고 있다. 아파트의 종류나 거주지를 결정하는 것도 대부분 여성이다. 아이들 교육 문제도 마찬가지다. 진학설명회라든지 학원설명회의 주요 타겟은 실수요자인 아이가 아닌 엄마다. 그리고 엄마들의 의사결정 파워는 아빠에게 그대로 전달된다.

그렇다면 회사는 어떨까? 조직의 의사결정권자는 당연 대표이사다. 그런 면에서 볼 때 PAF(President Acceptance Factor)라는 용어도 만들어볼 만하다. 해석하면 '사장 승인 요소'인데 상황에 따라서는 '사장 마음대로'라고 할 수도 있다.

수년 전, 서울에 위치한 중견기업 A에서 있었던 일이다. 이름이 잘 알려진 대기업 계열사에서 인사를 담당하던 김 부장이 A 기업의 인사팀장으로 부임하면서 내게 연락을 했다. 담당자가 자리를 옮기면서 연락할 때는 우리 회사 프로그램을 제안해달라는 암묵적 표현이다. 그는 전 직장에서 우리 회사의 리더십 연수를 받았고, 새 회사의 사장에게 임원 교육에 대한 지시를 받자마자 나를 떠올린 것이다.

"이직하고 처음 진행하는 큰 프로젝트이니 특별히 신경 써서 잘 부탁드립니다."

김 팀장의 부탁도 부탁이지만 임원 교육 후 다른 직급 교육으로 확장될 가능성도 있기 때문에 최선을 다해 제안서를 만들었다. 행여 장소 문제로 곤란해질까봐 사전에 연수원을 예약하는 성의까지 보였다.

그런데 며칠 내에 사장의 승낙을 받아서 결정하겠다는 이야기를 들은 지 일주일이 지나서야 연락이 왔다.

"정말 죄송하지만, 이번 건은 취소하는 걸로 하겠습니다. 사장님께서 벌써 다른 업체로 결정을 내리셨습니다. 저에게 알아서 하라고 말씀하셔서 저에게 권한이 있는 줄 알고 추진했는데 그게 아니었습니다. 정말 죄송합니다."

허탈했지만 종종 겪는 일인지라 그러려니 하고 잊기로 했다. 그리고 반년이라는 시간이 지났다. 평소 내게 미안한 마음을 가지고 있던 김 팀장에게서 다시 전화가 걸려왔다.

"조직의 미래 전략 보고서를 만들어 제출하라는 사장님의 지시를 받았습니다. 현상 파악이 먼저 이루어져야 할 것 같아서 연락드렸습니다."

두세 번의 미팅을 가진 뒤 보고용 시행 계획서를 작성해 전달했고, 그로부터 일주일이 지난 뒤 김 팀장이 회사로 찾아왔다.

"대표님, 정말 죄송합니다. 이번에도 저희 사장님이 아는 곳으로 결정됐습니다. 계속 이런 식이네요. 일을 시켜놓고 열심히 준비해 가면 한마디 상의도 없이 엉뚱한 방향으로 결정을 해버려요."

허탈한 표정의 김 팀장은 거듭 미안한 감정을 내비쳤다. 마치 내일이라도 당장 회사를 떠날 것 같던 그는 그 후로 5년이 지난 지금까지 그 회사에 남아 있다. 한 가지 달라진 점이 있다면, 예전과 같은 패기와 적극성은 보이지 않는다는 것이다. 몇 번의 경험을 통해 사장의 스타일을 파악한 뒤로는 '해봐야 소용없어. 어차피 사장님 마음대로 결정하니까'라는 냉소적 가치관이 형성된 모양이다.

그 후로도 A 기업과는 이런저런 사소한 안건이 있었다. 몇 번 출입하면서 느낀 A 기업의 조직문화는 한마디로 '땅에 엎드려 움직이지 아니 한다'라는 뜻의 '복지부동(伏地不動)'이다. 오랜 시간에 걸쳐 '사장 마음대로'의 가치관이 조직 전체에 퍼지면서 직원들의 창의력과 생기가 죽어버린 것이다. 생각하지 않고 따라만 가는 조직은 '열탕 속의 개구리'가 될 수밖에 없다.

직원에게 일을 맡겼으면 결과까지 책임지게 해야 한다. 직원이 미덥지 못하다고 리더가 일방적으로 모든 것을 결정해버리면 생각하지 않는 조직이 되고 만다.

포지션이 많으면 책임감이 분산된다

겸무와 겸직의 비효율성

    1964년 미국 뉴욕의 한 아파트 단지에서 평범한 회사원이던 키티 제노비스라는 여성이 정체불명의 남성에게 무자비하게 살해당하는 사건이 발생했다. 당시 뉴욕에서는 하루에도 수십 건의 살인 사건이 발생했다.

    그런데 평범한 살인 사건으로 묻힐 뻔했던 이 사건이 뉴욕을 넘어 미국 전역을 떠들썩하게 만든 이유는 사건의 목격자가 무려 36명이나 되었음에도 불구하고 피해자가 아무런 도움을 받지 못했다는 사실 때문이다(사건 발생 후 1년간 피해자 남동생의 끈질긴 조사로 최초 목격자가 10여 명이었다는 사실이 밝혀졌다).

    그 사건을 대서특필한 『뉴욕타임스』는 1면 머리기사에서 제노비스 사건을 이렇게 묘사했다.

"한 생명이 위험에 처해서 죽어가는 상황에서도 수십 명의 목격자들은 그저 지켜보기만 했다. 내가 아닌 누군가가 도와주겠지 하는 막연한 책임 회피가 충분히 살릴 수 있었던 젊은 여성의 아까운 생명을 앗아간 것이다."

『뉴욕타임스』는 미국 전역에 퍼졌던 '사회적 무관심 현상'을 제노비스 사건과 연결시켜 국민적 관심을 불러일으키는 계기로 활용하려 했던 것이다. 훗날 사건이 다소 과장되었다는 증언이 잇따르면서 제노비스 사건 기사에 대한 비판적 여론이 일자, 사건을 취재한 에이브러햄 로젠탈 기자는 이렇게 말했다.

"목격자가 정확히 몇 명인지는 확실치 않다. 다만 확실한 것은 다수의 목격자가 있었음에도 불구하고 그들은 누군가가 도와주겠지 하는 막연한 기대감에 적극적으로 개입하지 않았다는 사실이다. 눈앞에서 살인 사건이 일어나는데도 도움을 주지 않은 사람들에 대한 심리적 상태를 기사로 다루고 싶었을 뿐이었다."

그렇다면 일본에서 일어난 다음 사건은 어떻게 해석해야 할까? 1985년 6월 18일, 일본 오사카 기타구에 있는 한 아파트에 기자들이 모여들었다. 2,000억 엔(약 7,500억 원)이 넘는 고객 돈을 가로챈 도요타상사의 나가노 가즈오 회장이 구속된다는 정보가 나왔기 때문이다. 참고로 도요타상사는 자동차로 유명한 도요타그룹과는 아무런 관련이 없으며, 사건의 주인공인 나가노 회장은 '다단계 금괴 펀드'라는 사기 행각을 벌인 혐의로 경찰의 수사를 받고 있었다.

오후 4시, 괴한 2명이 기자들 사이를 비집고 나가노 회장의 집 앞으로 접근했다. 괴한들은 기자들에게 "피해자들의 부탁을 받았다. 나가노 회장을 죽이러 왔다"라고 말하며 품속에서 칼을 꺼냈다. 그들은 태연히 창문을 깨고 집 안으로 들어갔고, 곧이어 비명이 들렸다. 잠시 후 문을 열고 나온 괴한들은 "경찰을 불러라. 우리가 나가노 회장을 죽였다"라고 소리쳤다.

일본을 떠들썩하게 만든 도요타상사 나가노 회장 살인 사건이다. 나가노 회장은 머리와 복부 등 13곳을 난자당했고, 즉시 병원으로 옮겨졌지만 과다 출혈로 사망했다. 현장에는 취재진이 있었지만 아무도 괴한들을 제지하지 않았다. 이 사건은 주변에 사람이 많을수록 어려움에 처한 사람을 돕지 않는다는 '방관자 효과(Bystander effect)'의 대표적 사례로 MBA 교재에도 실렸다.

그렇다면 수십 명의 기자들이 나가노 회장의 집 앞에 모여 있었는데도 불구하고 태연하게 살인 사건이 발생한 이유가 무엇일까? 대표적으로 제시되는 원인은 '책임감 분산' 때문이다. 특정 상황에 관여하는 사람의 수가 많을수록 개인에게 돌아가는 책임감의 정도가 작아지고, 이로 인해 남을 도와주려는 행동이 발생할 가능성이 줄어든다는 이론이다.

그러고 보면, 방관자 효과는 동서양을 불문하고 "어떤 상황에서 책임감이 생기는가?"와 같이 심리학적 관점에서 접근해야 하는 주제라고 볼 수 있다. 이를 조직에 대입해보면 어떤 상황이 연출될까? 실제 조직에서도 이와 비슷한 일이 항상 일어난다. 이른바 "모든 사람의 책임은 누구의 책임도 아니다(Everybody's bussiness is nobody's bussiness)"라고 불리는 '책임감 분산'이다. 조직에서는 '겸무(兼務)'라는 이름으로 특정인에게 여러 가지 일을 맡기는 경우가 많은데, 이는 책임감 분산의 대표 사례다. 특정인이 대단한 능력의 소유자라서 그럴 수도 있지만 대개는 인건비를 절감하거나 채용이 어려워서 '기획실장 겸 관리본부장' 또는 '연구소장 겸 생산본부장'처럼 한 사람이 복수의 직함을 갖게 된다.

상황이나 사람에 따라 다르겠지만 겸무는 실패로 끝나는 경우가 압도적으로 많다. 여러 가지 직무를 책임지면 하나 정도는 실패해도 용서받을 수 있다는 생각이 작용하기 때문이다. 이에 더하여 많은 일에 집중할 수 없는 능력의 한계도 작용할 것이다.

실질적인 원인을 알아보기 위해 후배들을 대상으로 간단한 설문을 해보았다. 현재 맡고 있는 직책 외에 다른 직책 하나를 더 부여받았을 때 "책임감이 더 앞선다" 혹은 "실수해도 변명이 된다" 중에서 어떤 선택이 더 많을까?

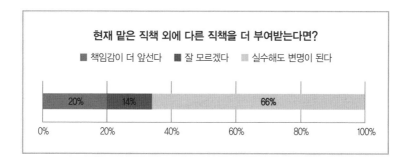

"실수해도 변명이 된다"는 답변이 압도적으로 많았다. 즉 겸무는 긍정적 결과보다 부정적 결과로 이어질 가능성이 높다. '책임감 분산'은 인간의 기본 심리일 뿐이다. 물론 어쩔 수 없는 상황도 있을 것이다. 나 또한 '겸무'라는 이름으로 특정인에게 복수의 포지션을 맡기는 경우가 있기 때문이다. 그러나 기대만큼의 효과를 얻은 적은 거의 없었다. 따라서 조직에서는 복수의 포지션을 한 사람에게 맡기는 구조를 재고해봐야 한다.

조직관리에는 세심함이 필요하다

직원 개인의 재능 발견

2세 경영인들의 모임에 참석했을 때, 그들 사이에 오가는 얘기를 들으면서 전혀 생각지 못했던 사실 한 가지를 발견했다. 본인이 원해서 후계자가 된 경우도 있지만, 본인의 의사와는 상관없이 아버지의 강권에 의해 어쩔 수 없이 경영 수업을 받고 있는 후계자도 적지 않다는 사실이었다.

2세 경영인들은 크게 두 가지 부류였는데, 첫째는 회사에 들어오기 전에 다른 일을 하다가 아버지의 뒤를 잇기 위해 입사한 경우이고, 둘째는 아버지의 회사에서 다른 형제들과 함께 경영 수업을 받고 있는 경우였다. 후자의 경우 형제간의 경쟁 구도를 만들어 더 잘할 것 같은 아들에게 회사를 맡기려는 아버지의 의도가 아닌가 하는 생각이 들었다. 이야기를 듣는 내내 롯데그룹이 오버랩됐다. 형제간의 싸움을 보면서 안타까운 점이 한둘이 아니었기 때문이다.

롯데그룹의 경영권 분쟁을 이해하기 위해서는 신동주, 신동빈 두 형제의 성격과 경력을 알 필요가 있다. 조용하고 드러내는 것을 싫어하는 성격의 신동주 회장은 아오야마가쿠인대 공학부에서 경영공학으로 학사와 석사를 마쳤다. 그리고 미쓰비시에서 잠시 근무하다가 일본 롯데에 입사하여 2009년에 롯데홀딩스의 부회장이 된다. 부인은 아버지의 소개로 만난 미국 국적을 가진 한국인이다.

반면 신동주 회장보다 한 살 아래의 신동빈 회장은 활발하면서도 사교적인 성격으로 주변에 항상 사람들이 모여들었다고 한다. 형과 같은 학교에서 경제학을 전공한 후 미국으로 유학을 떠나 컬럼비아대에서 MBA를 마쳤다. 대학원 졸업 후에는 일본 노무라증권의 런던 지점에 입사하여 영국에서 8년을 보냈다. 일본인 부인과의 슬하에 아들이 하나 있는데, 아들의 결혼식에 아베 신조 총리가 참석하여 화제가 되기도 했다.

롯데그룹의 두 형제와 같은 시기에 학교를 다닌 친구들의 증언이 『닛케이비즈니스』에 실렸고, 그 내용은 다음과 같다. "조용한 성격의 신동주 회장은 절대 사업할 스타일이 아니다. 그 또한 회사는 동생에게 맡기고 다른 일을 하고 싶어 했다. 반면 신동빈 회장은 욕심도 많고 본인도 사업을 하고 싶어 한다." 본인의 의지와 상관없이 장남이라는 이유로 맏아들을 경영 일선에 세우고 싶었던 아버지 신격호 총괄회장의 판단 착오를 지금의 롯데 사태의 출발선으로 보고 있다는 점이 흥미로웠다.

아버지의 잘못된 판단과 그에 따른 형제들의 싸움으로 나라가 망한 경우도 있다. 바로 고구려 시대 절대 권력을 행사한 대막리지 연개소문이다. 연개소문에게는 남생, 남건, 남산이라는 세 아들이 있었다. 우선 고구려를 패망으로 이끈 당나라의 상황을 먼저 짚어보자. 중국 역사에서 가장 칭송받는 황제를 들자면 당나라의 제2대 황제 '태종' 이세민이다.

당 태종은 청나라의 제4대 황제 강희제와 함께 중국의 정치·문화를 부흥시킨 양대 산맥으로 불린다. 이런 당 태종이 죽으면서 남긴 유언『자치통감』 중에 "다시는 요하를 넘지 말라"는 말이 있다. 그는 고구려를 정복하기 위해 3번이나 출병했지만 결국 실패했고, 연이은 패전으로 몸이 쇠약해져 국정을 제대로 돌볼 수 없었다. 이런 유언에도 불구하고 왕위에 오른 고종은 아버지의 복수를 위해 끊임없이 고구려를 침략했고, 수차례의 패배에도 불구하고 줄기찬 공격으로 결국 668년 10만의 당나라 군대를 이끌고 평양성을 함락했다. 수나라의 문제가 100만 대군을 이끌고 고구려를 공격한 이래 시작된 80년 전쟁에 종지부를 찍었다.

그렇다면 수나라 100만 대군의 침략에도 끄떡없던 고구려는 왜 고작 10만밖에 안 되는 당나라 군대에 힘없이 무너졌을까? 박지원은 『열하일기』에서 고구려 패망의 가장 큰 요인으로 연개소문의 세 아들의 암투와 분열을 지목하고 있다. 『삼국사기』에는 "연개소문의 말년에는 아들 삼형제의 분열이 극에 달하여 자신의 사후에 조국이 당나라에 넘어갈까 두려워 잠을 이루지 못했다"는 구절이 나오는데, 후계 구도가 복잡한 경우라면 누구나 고민하지 않을까 싶다.

그렇다면 자녀를 어떻게 키우고 지도해야 할까? 미국의 한인 사회에서 자녀 교육의 전설로 통하는 전혜성 박사에게서 힌트를 얻을 수 있다. 미국 교육부에서 '연구 대상'으로 선정된 전 박사 슬하의 여섯 자녀는 모두 하버드대와 예일대를 졸업하고 의사, 검사, 교수, 고위 공무원 등 다양한 분야에서 두각을 나타내고 있다. 우리에게는 클린턴 행정부 시절 인권차관보를 역임하고 예일대에서 로스쿨 학장을 지낸 고홍주 박사와 오바마 행정부에서 보건부 차관보를 지낸 고경주 박사가 잘 알려져 있다.

전 박사의 가족이 미국에서 유명세를 탄 배경에는 두 가지 이유가 있다. 하나는 자녀 모두가 아이비리그를 졸업하고 미국 주류 사회에서 인지도 있는 유명 인사가 되었기 때문이고, 다른 하나는 전 박사의 평생에 걸친 봉사와 헌신 때문이다. 그가 미국과 한국에서 받은 훈장만 해도 10개가 넘는다고 한다. 전 박사의 『섬기는 부모가 자녀를 큰 사람으로 키운다』에는 이런 내용이 있다. "부모 스스로 계속 배우고 성장하면서 아이들도 가르치고 성장시키는 것, 그것이 올바른 부모상이며 부모의 역할이라고 생각한다. 다만 아이들이 각자의 장단점을 찾아내어 아이들 삶이 균형을 이루도록 격려하고 지도편달해주는 노력이 절대 필요하다."

다시 말해, '바람직한 모범을 보여주고, 아이들의 장단점을 찾아내 균형을 이루도록 지도해주는 것'이 부모의 가장 중요한 역할이라는

것이다. 전 박사의 자녀 육성법을 요약하면 크게 두 가지로 정리할
수 있다. 우선 부모가 모범을 보여야 한다는 것이고, 아이 각자가 가
진 재능과 소질이 계발될 수 있도록 올바르게 지도해야 한다는 것이
다. 이를 조직에 대입해보면, 리더는 직원에게 모범을 보이고 직원 개
개인이 가진 소질과 재능이 조직을 위해 쓰일 수 있도록 해야 한다.
기업의 운명을 결정하는 후계 임명도 마찬가지다. 각각의 장단점을
파악하여 저마다의 소질이 꽃 피우도록 세심하게 신경 쓰는 부모의
마음이 곧 리더의 자세다.

노력은 절대 헛되게 쓰이지 않는다

자신의 한계를 극복하는 방법

우리 회사는 30여 명에 불과한 작은 조직이지만 채용 시즌이 되면 적지 않은 수의 이력서가 쇄도한다. 사람에 대한 화두가 갈수록 중요해지면서 이를 다루는 HR에 대한 인기도 높아지는 모양이다. 이에 더하여 지원자들은 외국계 기업으로 일본이나 영어를 활용할 수 있는 환경을 매력적으로 여기곤 한다.

이력서 접수가 완료되면 채용설명회를 개최한다. 포털이나 취업 사이트에 공지된 내용만 보고 이력서를 제출한 학생들에게 정확한 정보를 주기 위해서다. 우리 회사의 장점은 물론 단점도 가감 없이 이야기하고 이를 모두 수용할 수 있는 사람만 지원하라고 말한다.

"우리는 지나치게 똑똑한 사람은 원치 않습니다. 지나치게 좋은 스펙을 가지고 있는 사람도 환영하지 않습니다. 자만에 빠져 노력을 게을리 하는 사람은 절대 원치 않습니다. 자신의 한계를 극복하기 위해 죽을 듯이 노력하는 평범한 사람을 원합니다."

죽을 듯이 노력하는 평범한 사람이라고? 무슨 말도 안 되는 소리냐고 반박하는 사람도 있다. 일류 대학 출신자들이 오지 않아서 하는 궤변이라고 말하는 사람도 있다. 그러나 나는 인간을 이롭게 만들어준 세상의 모든 결과물은, 타고난 재능의 소산이라기보다는 꾸준한 노력의 결과라고 믿는다. 그만큼 보통 사람의 노력을 매우 중요하게 생각한다. 이는 예전에 내가 모시고 함께 일했던 직장 상사 덕분에 갖게 된 가치관이다.

일본과 한국의 합작 법인에서 근무를 시작한 나는 운 좋게도 매우 훌륭한 상사를 만났다. IBM에서 스카우트된 그분은 사람을 상대하는 매너뿐만 아니라 사업 전략을 짜는 비즈니스 마인드도 완벽하여 조직 내부에서 많은 선후배의 한결같은 존경을 받았다. 신규 법인으로 무척 바빴고 HRD 교육에 처음 진출한 데다가 합작 투자 회사라는 점 때문에 업계의 주목은 물론, 법적으로 풀어야 할 문제도 많았다. 그 상사는 우리가 직면한 모든 문제에 대해 해박한 지식을 가지고 있었고, 이를 바탕으로 자금계획은 물론 각종 사업 전략에도 발군의 실력을 보여주었다.

하지만 영원할 것 같았던 한일 양국 기업의 만남은 2년을 못 넘기고 결국 파국을 맞았다. 회사를 떠나기 전날, 마지막으로 인사를 겸해 방문한 그분의 사무실에서 "본부장님 같은 천재는 처음 봅니다. 정말 부럽습니다. 많이 배우고 갑니다"라는 말로 존경심을 표했다. 조용히 듣고 있던 그분이 한쪽 벽을 차지하고 있던 캐비닛들을 하나씩 열어 젖히기 시작했다. 수백 권의 노트와 빽빽한 다이어리가 역사를 증명이라도 하듯 빛바랜 채 눈앞에 드러났다. 신입사원 때부터 최근까지 본인이 만든 모든 보고서와 기획안이었다.

"여기 시장보고서만 200개야. 신규 사업 검토서만 300개고, 기타 보고서까지 합치면 족히 1,000개는 될 거야. 여기서 몇 개가 통과되었고, 몇 개가 현장에 적용되었을 것 같은가? 10%도 안 돼. 그러니까 사람들은 결과만 본다는 거야. 그 결과를 위해 죽어라 만든 흔적은 모르고. 하지만 과정 없이 결과가 나올 수 있겠나? 수없이 많은 흔적들이 쌓이면 자신만의 노하우와 경쟁력이 생길 거야."

그때 그분의 말씀을 100% 이해할 수는 없었지만 인생의 나침반이 되기에는 충분한 가르침이었다. 불과 3평 남짓한 작은 사무실에서 벌어진 10분간의 만남은 나로 하여금 세상을 다시 보게 해주었다.

노력 없이 어찌 천재가 되겠는가. 근대 문명이 폭발적으로 성장한 20세기, 사람들은 인류 문화 발전에 가장 큰 영향력을 행사한 인물로 파블로 피카소와 토머스 에디슨을 가장 많이 입에 올린다. 두 사람 모두 천재라 불리는데, 그들이 죽을 만큼 노력했다는 사실을 아는 사람은 그리 많지 않다.

피카소는 1881년 스페인의 말라가에서 태어났다. 미술 교사였던 아버지 덕에 피카소는 말을 배우기도 전에 그림 그리는 법부터 배웠고, 학교 공부에 소홀했던 탓에 초등학교를 가까스로 졸업했다고 한다. 14세 때 바르셀로나로 이주한 피카소는 그림을 전문적으로 그리기 위해 중학교를 중퇴했다. 그리고 19세가 될 무렵 더욱더 그림에 매진하기 위해 프랑스 파리로 건너갔다. 하지만 파리에서 피카소의 삶은 힘들었다. 아무리 그려도 나아지지 않는 그림 실력에 자살까지 결심할 정도였다. 피카소가 조금씩 관심을 받고, 예술가들 사이에서 인정을 받기까지는 그 후로도 10년이라는 시간이 더 걸렸다. 그동안 피카소는 유화 1,800점, 조각 1,200점, 도자기 2,800점, 드로잉 1만 2,000점을 하기에 이른다. 하지만 사람들은 세상에 알려진 피카소의 작품 몇 개만 보고 그를 타고난 천재라고 한다.

에디슨도 마찬가지다. 금세기 최고의 발명가라 불리는 에디슨은 1847년 미국 오하이오주 밀란에서 태어났다. 집안이 가난하여 12세 때부터 철도에서 승객들을 대상으로 물건을 팔았다. 그러다가 전신 기술을 연마하여 미국과 캐나다의 주요 도시에서 전신수로 일했다. 전신수로 일하는 동안 전기학에 눈을 떴고, 이는 훗날 에디슨이 전기 관련 연구에 몰두하게 된 계기가 된다.

전기학을 공부하기 시작한 10년 동안 에디슨은 전구, 축음기, 탄소 접점 방식을 이용한 전화기를 발명했다. 그는 100여 개의 특허를 출원했는데, 그중에는 스텐실 펜, 과일 저장법, 철광 채굴을 위한 자석 이용법, 말하는 인형까지 포함되어 있다. 에디슨은 일생 1,093개에 이르는 특허를 냈다. 1,093개의 특허를 등록하기 위해 에디슨이 시도한 실험은 무려 1만 번에 이른다. 그리고 "천재는 1퍼센트의 영감과

99퍼센트의 땀이다"라는 유명한 말을 남겼다.

　우리 회사는 '양'에서 '질'이 나온다는 강력한 신념을 가지고 있다. 목표 달성을 위해 어떤 핵심성과지표(KPI, Key Performance Indicator)가 필요한가도 중요하게 여기지만 그에 못지않게 양 관리 또한 소홀히 하지 않는다. 특히 아직 업무 능력이 탄탄하지 않은 주니어 멤버들에게는 무슨 일이 있어도 KPI의 목표 수치를 달성할 것을 강조한다. 이런 이유로 양적인 부분에서 혹독한 트레이닝을 시킨다.

　'창의적 사고'로 유명한 로버트 서튼 스탠퍼드대 교수는 『생각의 속도로 실행하라』에서 이렇게 말했다. "독창적인 생각을 하는 사람들은 변형하거나, 더 이상 발전할 여지가 없거나, 완전히 실패작인 아이디어를 많이 생각해낸다. 하지만 이는 결코 헛수고가 아니다. 그만큼 재료로 삼을 아이디어의 숫자가 쌓이기 때문이다."

　보통 사람들을 위대하게 만드는 비법은 '양'에 있다. 그것도 보통의 양이 아닌 상상을 초월하는 엄청난 양이다. 조직도 이런 콘셉트에 맞추어 구성원들을 육성해야 한다. 바쁘게 움직이는 조직이 느슨한 조직보다 더 좋은 결과와 훌륭한 작품을 배출한다는 사실을 잊지 마라.

사내 정치를 잘해야 하는가?

아부보다 통하는 진심의 힘

아는 선배의 소개로 중소기업의 대표를 맡고 있는 박 사장을 만났다. 전문경영인으로서 관련 분야에서 두각을 드러내고 있는 그를 보며 뛰어난 업무 능력에 감탄했다. 대화가 깊어질수록 직원 사랑과 회장을 위하는 진심에 큰 감명을 받았다. 당연히 승승장구하리라 생각하고 있었는데, 어느 날 박 사장은 심각한 위기에 처했다면서 긴급히 SOS를 보냈다. 일선에서 물러난 회장을 대신해 지난 5년간 회사의 성장을 이끌어온 자신의 권위가 크게 흔들리고 있다는 것이었다. 미국에서 돌아온 회장의 아들에게 간부들이 줄을 서면서 사장의 지시가 현장에서 제대로 먹히지 않게 된 것이다.

마침 그 회사에 지인이 있던 터라 조직 내부의 분위기를 물어보았는데, 그의 대답은 내 마음을 더 심란하게 만들었다.

"회장님 아들이 오기 전까지는 사장님을 중심으로 모두가 한마음이 되어 업계 1위를 꿈꾸었어요. 그런데 지금은 예전과 같은 일체감을 느낄 수가 없어요. 사장님의 진심을 아는 간부들이 많아서 당장은 별일 없겠지만, 사람 마음은 갈대 같다고 하잖아요. 시간이 가면서 회장님 아들 쪽에 줄 서는 사람들이 더 늘어나면, 회사 운영이 정치화되지 않을까 싶어요."

박 사장이 그 기업과 인연을 맺은 것은 5년 전이었다. 국내 굴지의 대기업에서 고위 임원으로 퇴임한 그를 평소 눈여겨보던 그 기업의 회장이 그가 퇴직하자마자 러브콜을 보냈다. 그를 매개체로 전 근무지인 대기업과의 관계가 좀 더 깊어졌으면 하는 바람도 있었지만, 그의 정확한 업무 스타일이 회장의 마음을 사로잡았던 것이다. 마침 회장의 건강이 좋지 않았던 때라 자신이 키운 회사를 맡아서 경영해주었으면 하는 바람도 있었다.

전문경영인으로서 박 사장이 부임한 뒤 회사는 한동안 성장세를 이어갔다. 오너 회장의 절대적 신임을 배경으로, 큰 조직에서 엘리트 코스를 밟으며 차곡차곡 다져진 업무력과 대기업에 근무하면서 만들어놓은 인맥이 큰 도움이 되었다. 그리고 이는 직원들에게 더 큰 비전을 심어주기에 충분했다.

그러나 이런 분위기는 오래가지 못했다. 일선에서 물러나 있던 회장의 아들이 귀국하자마자 아버지 회사에 입사한 것이다. 박 사장은 오너 아들의 입사에 일시적으로 스트레스를 받긴 했지만, 자신이 그동안 구축해놓은 기반에 자신감이 있었기에 전과 다름없이 계획대로 일을 추진해나갔다.

　아무 문제가 없어 보이던 조직에 동요가 일어나기 시작한 것은 회장의 아들이 입사하고 1년이 지나서였다. 미주 시장에 신제품을 출시하는 과정에서 둘 사이에 이견이 발생한 것이다. 기존 거래처를 활용하려 했던 박 사장에게 회장의 아들이 반기를 들었다. 한인 사회를 기반으로 유통 라인을 확보하는 것이 중장기적으로 더 큰 이익을 낼 수 있다며 직판 대리점 개설을 주장하고 나선 것이다. 그런데 둘의 의견이 대립하는 과정에서 론칭 회의가 길어질수록 초기에는 박 사장의 생각에 찬성했던 간부들이 하나둘 회장의 아들 편에 서서 의견을 개진하기 시작했다. 급기야 직원들은 현재의 사장을 믿고 따르는 사람과 회장의 아들을 따르는 듣는 사람들로 나뉘었다.
　둘의 기 싸움 때문에 혼란에 빠진 건 직원들이었다. 둘 사이에 벌어진 의견 대립, 그리고 간부들에 대한 소문이 조직에 퍼지면서 일반 직원들 사이에도 혼란이 일어나기 시작했다. 모두가 일을 놓은 채 눈치만 보게 된 것이다.

　파국으로 치달을 것만 같던 기업의 분위기가 다시 정리된 건 박 사장이 회장과 독대를 하고 난 뒤였다. 박 사장은 회장에게 자신이 생각하는 조직 운영과 마케팅 전략을 설명하면서 아들을 경영 일선에서 잠시 물러나 있게 해달라고 요청했다. 박 사장의 진심 어린 요청은 회장의 마음을 움직였다. 회장이 자신의 아들이 아닌 박 사장 편을 들어준 것이다.

회장의 한마디에 기업은 다시 평온을 되찾았다. 박 사장에게 어떻게 회장을 설득했냐고 물어보았다. 그의 대답은 단순했다.

"진심은 통한다."

나중에 들은 말이지만, 회장이 일부 간부들에게 의견을 구했던 모양이다. 간부들은 회사를 위한 박 사장의 진심을 알고 있었고, 그 마음을 회장에게 전했다. 만일 박 사장이 회사보다 개인의 영달을 먼저 생각했다면 못 이기는 척 회장의 아들 말을 따르고 안정적인 월급과 퇴직금을 생각했을 것이다. 하지만 그는 소신을 굽히지 않았고, 진심을 다해 회장에게 회사의 미래에 대해 이야기했다. 이런 진심이 결국 회장의 마음을 움직였다.

직장인들이 흔히 하는 말 중에 "줄을 잘 서야 한다", "위로 올라갈수록 정치에 능해야 한다"는 말이 있다. 높은 자리에 오르는 사람일수록 실력이나 진심보다 최고경영자에게 아부하는 능력이 더 중요하다는 뜻이다. 하지만 나는 이 말에 동의하지 않는다. 박 사장처럼 오직 회사를 생각하며 일에 매달리는 리더들이 정말 많기 때문이다. 조직은 결국 이런 사람들이 성장시킨다.

핵심가치를 폼으로 내걸지 마라

표리부동의 헛발질

구미공단에 위치한 중견 자동차 부품 제조 기업은 불과 한두 시간의 짧은 방문이었음에도 불구하고 유독 기억에 남는다. 우선 입구에서부터 범상치 않은 흔적이 느껴졌다. 입구 정중앙에 '비용절감'이라는 표어가 적힌 커다란 간판이 일단 정신을 압도한다. 그리고 이어지는 복도의 양쪽에는 붉은색 페인트로 칠해진 플래카드가 걸려 있는데, 이 또한 비용 절감과 관련된 문구들이다. 예를 들면 '비용절감 실패는 회사가 망하는 지름길.' 심지어 전부 붉은색이다 보니 전쟁터에 온 듯한 느낌마저 든다.

직원의 안내로 들어선 접견실에서 인사 담당 직원을 기다리는데 뒤편에서 미팅을 하는 사람들의 목소리가 들려왔다. 아무래도 외부인이 있으면 대화 내용에 신경을 쓸 법도 한데 전혀 개의치 않고 큰 소리로 대화하는 모습이 의아하면서도 이곳은 서로 비밀이 없구나 하는 생각도 들었다.

"무조건 10% 깎으세요."

"아니, 여기서 어떻게 더 깎으라는 겁니까? 너무하십니다."

"가격 다운 안 하시면 다른 데다 발주할 테니 알아서 하세요."

"그렇게 야박하게 굴지 마시고 조금만 시간을 주세요."

"잘 아시잖아요. 무조건 연간 10%씩 납품가 다운시키는 것이 회사 방침인 거."

말로만 듣던 '갑질'이 이런 건가 싶었는데, 기다리던 직원이 들어와서 더 이상 그들의 이야기를 들을 수 없었다.

"기술혁신이 저희 회사의 핵심가치인데 영 전파되지 않고 있습니다. 어떻게 하면 좋겠습니까?"

인사 담당자의 말을 빌리자면 자동차 회사들의 경쟁이 갈수록 치열해지는 상황에서 원청회사가 하청업체의 기술 개발에 엄청난 스트레스를 주고 있었다. 매년 10%씩 품질개선을 요구하고, 이 요구 사항에 맞추지 못하면 거래처를 바꾸겠다고 선언한 모양이었다. 이러한 절박함에서 '기술혁신'이라는 키워드가 나왔고 몇 년째 사장이 직접 나서서 강조하고 있는데, 품질 개선의 기미는 전혀 보이지 않아 답답한 상황이라고 했다.

그의 말을 들으면서 이 회사의 핵심가치가 정말 기술혁신인가 하는 의문이 들었다.

"핵심가치란 회사를 지탱하는 기둥 같은 것입니다. 여러 가지가 있을 수 있겠지만, 직원들의 정신을 지배하는 영적인 것이어야 합니다. 그리고 모든 직원의 입에서 한 치의 주저함도 없이 나올 수 있어야 합니다. 정말로 이 기업이 가장 중요하게 여기는 지배 언어가 '기술혁신'이라고 생각하십니까?"

내 질문에 상대는 잠시 머뭇거리더니 "예, 맞습니다. 기술혁신입니다!"라고 대답했다. 그때 마침 조금 전 미팅을 마치고 나가는 직원의 모습이 눈에 들어왔다. 실례를 무릅쓰고 그 직원에게 돌발 질문을 던졌다.

"이 회사가 가장 중요하게 여기는 것 한 가지만 꼽으라면 무엇을 꼽으시겠습니까?"

갑작스러운 질문임에도 불구하고 즉시 답변이 돌아왔다.

"비용절감이요!"

척 보면 모르겠느냐는 표정으로 그 직원은 총총히 접견실을 빠져나갔다.

"들으셨죠? 제가 느낀 이미지도 마찬가지입니다. 기술혁신이라는 그림이 그려지는지 주변을 둘러보세요. 제가 느끼기로는 비용절감을 위해서라면 회사의 핵심 기술도 빼내어 동남아로 이전시킬 분위기인데요."

국내 최대의 임플란트 제조 기업 B는 치과 의사 수십 명에게 억대 리베이트를 제공한 혐의로 수년 전 검찰 수사를 받은 적이 있다. 그러나 치과협회와 치과 의사들에게 제공하는 뇌물이나 리베이트는 어제오늘 일이 아니다. 이 회사는 10년 전에도 자사 제품의 구매율이 높은 치과 의사들과 가족을 대상으로 수억 원 대의 해외여행을 지원한 사실이 언론에 보도되면서 국민적 질타를 받은 적이 있다. 알고 보면 유사한 종류의 마케팅 활동으로 언론에 이름을 알리는 희한한 홍보 활동을 하기로 유명한 회사다.

임플란트의 의료보험 적용이 가능해지면서 국내 임플란트 시장이 급격히 팽창했다. 1위는 시장 점유율 50%를 자랑하는 B 기업이고, 나머지 50%를 두고 10여 곳에 이르는 군소 업체들이 나눠 먹기를 하고 있다. 그중 한 군데를 방문했는데, 이 회사 또한 핵심가치를 '품질개선'에 두고 있었다. 그러나 '올해는 반드시 획기적 품질개선을 이루자'라는 대표이사의 신년 메시지에도 불구하고 조직을 지배하는 암묵적 요구 사항은 품질개선이 아닌 영업력이라는 사실을 깨달았다. 본부 건물도 공장도 온통 품질개선이라는 표어가 붙어 있는데도 말이다.

"신 대표님, 혹시 B 기업에 대해 좀 아시나요?"

"일해본 적은 없지만 대충은 알고 있습니다."

"다른 건 필요 없고 무조건 B 기업처럼 마케팅과 영업력이 뛰어난 조직으로 만들어주시기 바랍니다. 자신 있다고 말씀해주시면 일을 맡기겠습니다."

"하지만 사장님이 원하는 경쟁 우위는 기술력이 아닌가요?"

"그건 말이 그렇다는 거고요, 폼 나 보이게 하려고 만든 슬로건이니 개의치 마십시오."

사실 나는 B 기업에 대해 많이 알지 못하지만, 그 회사의 강점 및 경쟁 우위가 촘촘하고 끈끈한 영업력에 있다는 사실은 들은 적이 있다. 세상을 떠들썩하게 한 오너의 추문에도 불구하고 주가가 떨어지지 않는 이유도 그래서였을 것이다. 오히려 치과 의사들을 대상으로 한 기발한 영업 활동에는 감탄사가 나올정도다.

좋든 나쁘든 슬로건은 하나로 통일하는 것이 좋다. 속으로는 검은색을 원하면서 겉으로 하얀색을 외치면 구성원은 헷갈린다. 검은색이든 빨강색이든 정정당당하게 외치고 밀고 나가는 순간 구성원 모두가 같은 방향을 바라보게 된다. 조직에 이런 분위기가 퍼지면 전략과 전술도 자연스럽게 뽑아낼 수 있다. 폼 나 보이려고 거짓을 말하면 헛발질만 하게 된다.

왜 업무 회의가 만족스럽지 못할까?

회의 시간과 진행 방식의 문제

다섯 남매 가운데 막내이다 보니 조카들 나이가 만만치 않다. 10명이 넘는 조카들은 모두 사회생활을 시작했고 조직에서 간부를 넘보는 아이도 있다. 그나마 신입으로 들어간 조카가 몇 있어 가끔씩 신선한 조직 이야기를 들을 수 있다. 직업병 때문인지 회사 문화와 관련된 이야기가 나오면 자연스럽게 귀를 쫑긋 세우게 된다.

인터넷 광고업체에서 신입사원으로 일하게 된 조카가 3년 먼저 사회생활을 시작한 사촌언니에게 말했다.

"팀장이 갑자기 회의를 소집했는데 1시간 동안 자기 이야기만 하더니 회의 끝났다며 나가버리는 거야. 어찌나 황당하던지."

"그래도 그건 낫다. 우리 팀장은 의견이 없으면 없다고 뭐라 하고, 의견 말하라고 해서 말하면 그것도 의견이냐고 핀잔만 줘. 도대체 어떻게 해야 할지 몰라서 난감할 때가 한두 번이 아니라니까!"

나에게 직접 의견을 구한 것이 아니고 둘이서 수다를 떠는 재미를 깨고 싶지도 않아서 그냥 듣기만 했지만, 사회생활에 막 입문한 신입 사원들에게 팀장이 어떻게 이런 자격 미달의 행동을 할 수 있나 싶었다. 그렇다면 우리 조직은 과연 어떨까?

다른 회사들처럼 우리 회사도 월요일에 회의가 몰려 있다. 간부 회의를 필두로 부서 회의, 관계자 회의 등 수십 명이 모이는 회의부터 2~3명이 자리하는 단출한 회의까지 월요일은 회의의 연속이다. 최근에 입사한 신입사원들이 여러 명 있다 보니 가급적 그들의 시각에서 바라보기로 작심하고 어떤 대화가 오고 가나 관찰하기로 했다. 평상시 참여하는 회의뿐만 아니라 참가하지 않는 회의도 주관자의 동의를 구한 후 관찰했다. 다행히 조카들이 한심하게 생각하는 회의 문화는 보이지 않았다. '조직개발 전문가'라는 슬로건 아래 조직 활성화의 다양한 노하우를 가지고 있는 전문가들의 모임이라고 자부하고 있는지라 어찌 보면 당연한 일이겠지만 말이다. 그래도 침묵하는 멤버들의 의견을 도출해내는 작업은 고난도의 작업임에 틀림없다. 회의 주관자가 어떻게 리드하느냐, 즉 회의를 주관하는 리더의 능력에 따라 차이가 난다.

수년 전, '건전한 회의 문화 만들기'라는 교육 프로그램을 개발하기 위해 관리자 이상 직급 36명과 일반 직원 252명, 총 288명을 대상으로 시장 조사를 실시했다. 현재의 회의 문화에 대한 만족도를 묻는 질문에 불만족(관리자 48%, 비관리자 63%), 만족(관리자 35%, 비관리자 25%), 보통(관리자 17%, 비관리자 12%)의 순으로 결과가 집계되었다. 한 가지 눈에 띄는 점은 관리자 자신들도 회의 문화에 불만이 많다는 사실이다.

관리자와 일반 직원 모두 회의에 별로 만족하지 못한다는 결과가 나왔지만 그 이유는 달랐다. 관리자는 회의에 몰입하지 않는 팀원의 자세를 불만스러워했다. 관리자는 불만 요인에 대해 '참여 자세(52%,) 진행 방식(25%), 회의 시간(15%), 기타(8%)'의 순으로 답한 반면, 일반 직원은 '팀장의 일방적인 회의 진행(48%)'을 가장 큰 불만이라 답했고, 다음으로는 '명확하지 않은 회의 시간(35%)'을 가장 큰 문제로 꼽았다. 회의를 주관하는 관리자와 참여하는 일반 직원 사이에 얼마나 큰 인식의 차이가 존재하는지 알 수 있다.

팀장은 몰입하지 않고 스마트폰만 만지작거리는 팀원을 탓한다. 반면 팀원은 회의 시간 내내 일방적으로 자기 이야기만 하는 팀장을 탓한다. 회의 내용은 둘째 문제다. 입으로는 의견을 구하기 위해서라고 하면서 회의 방식은 일방적이라는 것이다. 어느 쪽이 문제인지는 불 보듯 뻔하다.

"청중의 수준이 떨어지다 보니 명강의에도 졸고 있다. 이 회사 수준이 참 한심하다!"

한 유명 인사가 어느 회사에서 강의를 마치고 나오면서 나에게 던진 말이다. 그분의 말씀에 회사 수준이 그것밖에 안 되나 싶었다. 하지만 얼마 뒤 우연히 그분의 강의를 듣고는 생각을 바꿨다. 청중의 관심을 끌게 만드는 강의는 강의 내용과 전달 능력이 중요한데 둘 다 없었던 것이다.

유능한 강사는 청중의 눈높이에 맞추어 강의 내용을 수정하거나 시간을 조절한다. 마찬가지로 유능한 리더는 회의를 주관하는 내내 참여자들을 살피고 누가 다른 생각을 하고 있는지 재빨리 파악해 어떻게든 회의에 참여하도록 유도한다. 회의의 주인공은 리더가 아닌 멤버들이기 때문이다.

공감대를 형성하지 못하는 회의는 시간 죽이기에 불과하다. 훌륭한 리더는 참석자들이 공감대를 형성하고 몰입하게 하기 위해 사전 준비와 시간 엄수에 각별히 신경을 쓴다. 회의가 시간 낭비가 되는지 시간 절약이 되는지는 철저한 준비와 참여에 달려 있다.

업무 지시는 자신의 언어로 하라

상부 지시라는 용어 사용 금지

국내 유명 의료 장비업체에서 영업을 담당하던 후배가 비슷한 일을 하는 외국계 기업에서 스카우트 제의를 받고 고민하다가 결국 좋은 조건에 회사를 옮겼다. 처음 나를 찾아와 어떻게 해야 할지 모르겠다며 고민을 털어놓을 때만 해도 나는 이직을 강하게 반대했다. 후배의 성향을 누구보다 잘 아는지라 외국계 판매 법인에는 어울리지 않을 거라 생각했기 때문이다.

하지만 후배는 이직을 결정했고, 한참 후 저녁을 함께하게 됐다.

"형님, 여긴 정말 희한한 조직이에요. 사장님이 무슨 말을 하면 앞에서 듣는 척만 하고 실행할 생각을 안 해요. 보스의 명령을 무시하는 분위기가 너무 자연스러워요."

"지시를 받고 움직이는 국내 조직과는 큰 차이가 있을 거야. 보스도 강력한 메시지를 전달하는 모습은 보기 힘들걸."

"예, 맞아요. 간부들에게 일을 시킬 때면 꼭 '본사 지시'라는 멘트를 붙이네요. 자기는 의견이 다르지만 본사 지시이니 어쩔 수 없다는 느낌이에요."

"팀원들은 어때?"

"팀으로 움직인다기보다 각자 알아서 한다는 느낌이에요. 각각의 실력은 좋은 것 같은데 함께 일하고 있다는 기분은 안 들어요. 당장 떠나도 누구 하나 잡을 것 같지 않은 분위기에요."

후배는 술 좋아하고 사람 좋아하는 전형적인 시골 아저씨 스타일이다. 그런데 개인 플레이가 강한 조직에서 생활하려니 무척 힘들었던 모양이다. 본인의 성향과 전혀 맞지 않는 조직문화 때문에 고민하던 후배는 결국 이직한 지 1년이 채 안 되어 못 이기는 척 이전 직장으로 돌아갔다. 인간관계가 워낙 좋은 친구라 이전 직장 사람들과 지속적으로 연락하고 있었고, 그런 노력이 회사로 복귀하는 데 큰 도움이 되었다.

서울 주재 일본 주재원들의 모임에서 한국에 새로 부임한 신임 주재원들을 대상으로 '한국인 직원들과 생활할 때 주의할 점'이라는 제목의 세미나를 개최한 적이 있었다. 여러 가지 흥미로운 내용이 있었는데, 그중에서도 가장 인상적이었던 대목은 다음과 같다.

"업무 지시는 본인의 언어로 하라."

바꾸어 말하면, "본사 지시라는 말을 절대 쓰지 말라"는 것이었다.

한국인들은 보스가 절대적인 권한을 가지고 책임과 권한을 행사해 주기를 바라기 때문에 '본사 지시'라는 말을 듣는 순간 "본사 지시대로 움직이는 허수아비에 불과하다"라는 인상을 받을 가능성이 굉장히 크며, 조직관리가 힘들어진다는 내용이었다.

조직문화와 관련해 '기업의 지배 구조에 따른 조직문화의 차이'를 주제로 2016년 9월 11일부터 30일까지 잡코리아의 협조를 얻어 남녀 직장인 806명을 대상으로 조사를 실시했다.

"지금 있는 회사의 최고경영자가 조직에 미치는 영향력은 어느 정도인가?"라는 질문에 '영향력이 낮다'는 답변은 공기업 25%, 민간 기업 28.5%, 외자 기업 34.5%의 순으로 외국계 기업이 국내 기업에 비해 약 10%포인트 정도 더 부정적이었다. 반대로 영향력이 높다는 답변은 공기업 23.8%, 민간 기업 24.3%, 외자 기업 17.2%의 순으로 외자 기업이 8%포인트 정도 낮았다.

양쪽 모두에서 외자 기업은 국내 기업에 비해 대표이사가 미치는 영향력이 낮다고 드러났다. 그 이유에 대한 질문은 따로 하지 않았으나, 그동안 외국계 기업 임직원에 대한 개별 인터뷰에서 대부분 직원들이 '우리 사장은 본사 눈치만 보는 사람', '3년 뒤에 어차피 떠날 사람', '성과만 중시하는 사람'이라는 표현을 쓰며 불신을 드러냈던 것으로 미루어 짐작할 수 있었다.

그중에서도 직원들이 가장 싫어하는 경영진의 멘트가 "본사 지시이니 나로선 어쩔 수 없다"라는 말이었다. 기업 형태의 특수성을 감안할 때 외투 기업 경영진의 책임과 권한의 범위는 제한적일 수밖에 없다. 그렇다고 자신이 가지고 있는 책임과 권한을 먼지 속에 묻는 것은 비겁한 행동이다. 내가 아는 많은 외투 기업의 대표이사는 '본사 지시'라는 말을 절대 사용하지 않는다. 그들은 오히려 이렇게 말한다.

"본사 지시라는 용어는 중간관리자가 위에서 내려오는 지시를 기계적으로 전달하는 행태와 크게 다르지 않다. 자신의 언어로 전달하지 못하는 관리자는 최악이다."

'상부 지시'라는 명목으로 위에서 내려오는 지시를 그대로 전달하는 '영혼 없는 지시'를 과연 어느 구성원이 믿고 따르겠는가?

팀워크로 뚫지 못할 방패는 없다

화려한 개인기 vs. 화합된 팀플레이

지난 2008~2009년, LG전자는 부사장 이상 최고임원에 외국인 5명을 임명했다. 글로벌 LG에 걸맞은 다양성과 전문성을 확보한다는 명분이었다. 한 걸음 더 나아가 10년 안에 전문성을 갖춘 외국인 임원 비율을 70%까지 높여 조직력을 강화하겠다고 했지만 결과는 좋지 않았다.

2010년 LG전자는 외국인 부사장 5명을 전원 해임했다. 주요 원인은 조직 내부의 불화로, 외국인 임원과 국내 스태프 간의 커뮤니케이션이 제대로 이뤄지지 않으면서 한국인 직원들의 불만이 폭발한 것이다. 표면적으로는 실적 악화에 대한 책임을 지고 자리에서 물러나는 모양새였지만, 실제로는 외국인 상사와 한국인 부하들 간의 팀워크가 전혀 형성되지 못한 데 대한 질책성 인사였다.

피터 드러커는 "지식노동자는 제조업에 종사하는 육체노동자와 달리 생산 수단을 직접 보유한다. 머릿속에 지식을 넣어두고 필요할 때면 언제든 꺼내 쓸 수 있다"라고 했다. 그렇다면 환경 변화와 상관없이 동일한 지식을 사용할 경우 동일한 결과가 나와야 한다는 말인데, 사실 현장에서 개인이 가지고 있는 지식을 활용하기 위해서는 주변인들의 도움이 절대적으로 필요하다.

그러다 보니 지식 산업에 있어서 '개인플레이와 팀플레이 중 어느 쪽이 더 생산성이 높은가?'라는 질문은 조직행동을 공부하는 사람에게는 끊임없는 연구 과제다. 이런 궁금증을 해소하기 위해 하버드 경영대학원의 젊은 교수들이 주축이 되어 열띤 토론을 벌였고, 지식 산업의 대표 분야인 의료계와 금융계의 지식노동자들의 생산성과 관련된 과거 10년간의 데이터를 분석한 결과를 2005년 6월 『HBR』에 발표했다.

하버드 경영대학원의 조직행동론 교수인 보리스 그로이스버그는 78개 금융회사에서 일하고 있는 주식 및 고정수익증권 분석가 1,000명의 지난 9년간의 자료를 정밀 분석했다. 9년간 9%에 해당하는 366명이 회사를 옮겼고, 연구진은 새 직장에서 실적이 어떻게 변했는지 확인했다.

흔히 금융권의 스타 분석가는 자신의 능력만으로 그 자리에 올랐다고 생각하지만, 연구 결과 그러한 실적은 가지고 움직일 수 있는 게 아니었다. 그들도 다른 회사로 옮기면 실적이 떨어지고 최소 5년 이상 그 상태에 머물렀다. 물론 회사를 옮기고도 계속해서 성공가도를 달린 사람도 있었는데, 평소 함께 일했던 팀과 함께 회사를 옮긴 경우였다.

혼자 이직한 스타 분석가는 1위를 차지할 확률이 5퍼센트에 불과하지만, 팀과 함께 이직한 스타 분석가는 1위를 차지할 확률이 10퍼센트로 이직하기 전과 별 차이가 없었다. 그리고 팀과 부서에 능력을 갖춘 동료들이 있을 때, 스타 분석가가 실적을 유지할 가능성이 더 크다는 사실이 드러났다. 스타 분석가는 새로운 아이디어와 정보를 얻을 때 뛰어난 동료들에게 의존하고 있었던 것이다.

같은 대학의 로버트 허크먼과 개리 피사노라는 젊은 교수들은 병원 경영과 관련된 학문을 연구하다가 실력이 뛰어난 전문의가 병원을 옮긴 후에도 동일한 실력을 발휘하는지 궁금증이 생겨 심장외과 전문의 203명이 각기 다른 43개 병원에서 2년간 집도한 수술 3만 8,577건을 추적 조사했다(미국의 외과의사는 우리와 달리 여러 병원에서 시술한다).

자료를 분석한 허크먼과 피사노 교수는 심장외과 수술 결과에서 놀라운 패턴을 발견했다. 전체적으로 외과 전문의는 수술 횟수와는 상관없이 자신이 근무하는 '특정 병원'에서 시술할 때만 더 좋은 결과를 보여주었다.

그렇다고 자신이 근무하는 병원에서 의사들의 시술 실력이 더 나아지는 것은 아니다. 다만 자신의 강점과 약점, 습관 및 수술 방식을 잘 아는 간호사나 마취과 의사들과 함께할 때 더 익숙하게 솜씨를 발휘할 뿐이다.

환자의 생명을 구하는 그 익숙함은 다른 병원으로 가져갈 수 없다. 자료를 분석한 하버드의 두 젊은 교수는 "외과의사가 환자의 사망률을 낮추기 위해서는 수술 팀과 밀접한 관계를 맺어야 한다"라는 결론을 내렸다.

헤드헌팅 회사 중에 리쿠르트에이전트라는 꽤 괜찮은 서치펌이 있다. 규모는 작지만 역사와 전문성, 성실성을 동시에 겸비한 보기 드문 인재 소개 기업이다. 이곳에서 10년 넘게 근무하며 매년 수백 명에 달하는 전문 인력의 성공적인 전직을 돕는 사람에게 스카우트 대상자를 찾을 때 '탁월한 개인기와 팀플레이' 중 어느 쪽이 더 중요한가라는 질문을 던져보았다.

"헤드헌팅 회사를 통해 들어갔다고 해서 모두가 인정을 받고 승승장구하는 것은 절대 아닙니다. 제대로 실력 발휘도 못하고 무시당하는 경우도 많습니다. 충분한 자질과 실력을 갖추고 있는데도 이상하게 실력 발휘를 못하는 거죠.

그와 반대로 전혀 예상하지 못했는데 기대 이상의 성과를 내는 경우도 많습니다. 이런 분들의 특징은 '팀플레이'로 움직인다는 점입니다. 그들의 공통점은 '팀워크라는 창으로 뚫지 못할 방패는 없다'고 믿는다는 것이죠."

조직력을 높이기 위해서는 뛰어난 개인을 영입하는 방법과 팀워크를 강화시키는 방법이 있다. 둘 다 중요하다고 할 수 있지만 어느 하나를 꼽으라면 '조직력'을 강조하고 싶다. 조직력을 강화시키면서 개인이 성장할 수 있도록 지원을 아끼지 않는 조직은 어떤 위기에도 쉽게 무너지지 않는다.

Question 2

진정성,
진심을
다하는가?

'진정성'은 고객과 직원을 진심으로 대하는 마음이다.
아울러 거짓말을 하지 않는 솔직함과 투명함의 의미도 포함한다.

더 이상 무서운 상사는 필요 없다

프로세스의 자율성 증대

A. 최근 3개월간 부하 직원이 큰 잘못이나 실수를 한 적이 있습니까?

'그렇다' 36명 vs '아니다' 14명

('그렇다'고 대답한 36명 중) 부하 직원의 잘못을 엄하게 지적했습니까?

'그렇다' 3명 vs '아니다' 33명

B. 조직에는 무서운 상사나 선배가 있어야 한다고 생각합니까?

'그렇다' 41명 vs '아니다' 9명

C. 그렇다면 당신이 그러한 역할을 할 수 있습니까?

'그렇다' 7명 vs '아니다' 43명

'퇴보하는 관리자'라는 제목으로 특강을 하면서 던진 질문이다. 한 관리자가 "요즘 신입사원들은 잘못을 야단치면 더러 회사를 뛰쳐나가는 경우가 있어요. 그래서 잘못을 해도 야단치기가 힘들어요"라면서 고충을 토로했는데 참석자의 상당수가 고개를 끄떡였다. 강연 참석자인 차·부장급 관리자는 조사 결과를 보고 꽤나 놀라는 눈치였다. "예상하긴 했지만 생각보다 심한 결과네요. 그보다 저만 안고 있는 고민이 아니라는 사실이 더 놀랍습니다." 관리자는 '지적에 대한 반감' 때문에 부하 직원의 잘못을 지적하기 어렵다고 한다.

성인 학습 이론에 따르면, 성인이 된 이후의 성격이나 행동 양식은 대부분 청소년기에 형성된다. 젊은 직원들의 '지적에 대한 반감'은 청소년기에 형성된 교육 환경이나 가정 환경의 영향이 크다. 1970~80년대에 학교를 다녔던 세대에게 잘못에 대한 지적은 당연한 것이다. 선생님에게 받는 체벌이 일상적인 시절이어서 지각하면 당연히 매를 맞고, 성적이 떨어져도 매를 맞고, 숙제를 하지 않아도 매를 맞았다. 그러다 보니 사회생활을 시작한 후 조직에서 상사나 선배에게 질타를 받아도 별다른 거부감 없이 받아들였다. 근태가 불량하면 불려가서 욕을 먹고, 보고서나 기획서의 맞춤법이나 철자에 오타가 생기면 밤을 새워서라도 다시 만들어 제출했다.

그러나 지금은 상황이 전혀 다르다. 학교의 변화는 사회 분위기에도 그대로 반영된다. 아버지를 중심으로 한 가부장적 질서는 서서히 무너져갔다. 이제는 집안에 무서운 어른이 존재하지 않는다. 회사도 마찬가지다. 지각한다고 야단치거나 보고서가 엉망이라고 질타하는 상사나 선배는 없다. 관심이나 애정이 없어서가 아니다. 자연스러운 시대의 흐름이다. 간섭받기 싫어하는 세대, 스스로의 결정을 존중하는 자율의 시대를 살아온 세대, 타인에게 무관심하면서도 토론에 익숙한 세대, 무엇보다 풍요로운 시대를 살아온 세대이기 때문에 기존의 관리자와는 자라온 배경이나 사고방식이 근본적으로 다를 수밖에 없다.

이런 연유로 관리를 하려 하면 반발이 일어나고 지적을 하려 하면 반감을 사는 것이다. 그러니 불필요한 마찰을 피하기 위해서 웬만하면 간섭하지 않고 방치하는 관리자가 늘어날 수밖에 없다. 그렇다고 스스로 알아서 하라며 조직 구성원의 행동에 전혀 간섭하지 않는 것도 무책임하고 무능력하다. 조직이 추구하는 공통의 가치관과 경영 이념을 공유하는 것은 중요하다. 익숙해질 때까지 반복하고 학습할 수 있도록 관여해야 한다. 이는 단지 이익을 위해서가 아니다. 서로 다른 수십, 수백 명의 사람들이 모여 하나의 목표를 설정하고 조직이 추구하는 공동의 이익을 창출하기 위해서는 독자적 행동보다 응집된 결집력이 중요하기 때문이다.

응집된 결집력을 만들기 위해서는 모두가 믿고 따를 수 있는 신념이 필요하다. 조직의 이념을 바탕으로, 우리는 누구이며, 왜 비즈니스를 하는가에 대한 해답이 있어야 한다. 그리고 그 위에 '자율과 책임'을 강조해야 한다. 즉, 프로세스에 대한 자유를 존중하되 결과에 대한 책임을 강조하는 조직문화다.

반드시 무서운 상사나 선배가 있을 필요는 없다. 그렇다고 조직의 신념에 반하는 행동을 내버려두어서도 안 된다. 가장 좋은 방법은 직원들 스스로 가슴속에 무서운 상사나 선배를 모셔두고 생활하게 하는 문화를 만드는 것이다. 스스로 그런 자세를 가질 수 있도록 유도하는 것이야말로 지금 시대가 요구하는 리더의 새로운 역량이라 할 수 있다.

단점보다 장점을 먼저 찾아라

숨겨진 잠재력의 발견

「머니볼」이라는 실화를 바탕으로 한 영화가 있다. 원작은 경제 저널리스트 마이클 루이스가 쓴 동명의 소설로, 부제는 '불공정한 게임을 승리로 이끄는 과학'이다. 미국 메이저리그의 야구팀인 오클랜드 애슬레틱스의 단장 빌리빈은 특별한 구단 운영 방침을 내세웠고, 결과 위주의 선발 방식에서 탈피해 숨어 있는 잠재력과 재능 위주로 선수들을 기용해 팀을 승리로 이끌었다.

가장 흥미로운 것은 이미 레드오션이 되어버린 기존의 스타 선수들에게 관심을 갖기보다는 미처 발견하지 못한 재능을 가진 새로운 선수를 발굴해 남들이 가치를 알아보기 전에 선점하는 이색적인 접근법이다. 영화에서 빌리빈(브래드 피트 분)은 구단의 스태프와 스카우터들을 모아놓고 이렇게 말한다.

"우리는 돈이 없다. 그래서 많은 돈을 지불하고 스타 선수를 데려가는 부자 구단과 경쟁할 수 없다. 따라서 아직 주목받지 못한, 재능이 가려진 선수를 찾는다. 기존의 잣대에서 저평가받는 선수들 중에서 우리의 기준을 만족하는 선수를 골라내야 한다."

빌리빈은 구단 취임 전 메이저리그 최하위였던 오클랜드애슬래틱스를 취임 다음 해부터 메이저리그 최상위 팀으로 끌어올렸다. 그뿐 아니라 단장으로 재직하는 16년 동안 평균 성적 5할 4푼이라는 대기록을 달성했다. 이는 뉴욕양키스나 보스턴레드삭스와 같은 수준의 기록으로, 두 팀이 보유하고 있는 선수들의 몸값을 고려하면 실로 엄청난 것이다.

'머니볼 전략'이라고도 불리는 빌리빈의 야구 이론을 경영 현장에 접목해 성공한 기업가가 교세라그룹의 이나모리 가즈오 회장이다. 2012년 2월 3일, 나는 그분을 직접 만난 적이 있다. 한 국내 기업의 초청으로 한국을 방문한 이나모리 회장이 한국에서 사업 중인 일본인 경영자들과 간담회를 가졌고 운좋게 그 자리에 참석하게 되었다.

'아메바 경영', '카르마 경영'으로 유명한 이나모리 회장은 파나소닉의 창업주인 마쓰시다 고노스케, 혼다의 창업주인 혼다 쇼이치로와 더불어 일본을 대표하는 3대 경영자로 꼽힐 만큼 사랑과 존경을 한 몸에 받고 있다. 그날 뜻깊은 자리에서 이나모리 회장은 "경영이란 무엇인가?"라는 나의 질문에 이렇게 대답했다.

"직원들이 가진 각자의 장점을 어떻게 살리는가에 대한 고민이다."

함께한 사람들과 저녁식사를 마치고 돌아오는 길에 회장의 강연을 다시 한 번 떠올려보았다. '경영이란 각자의 장점을 어떻게 살리는가에 대한 고민이다'라는 말씀이 머릿속에 계속 맴도는 동시에 '과연 현실적으로 가능할까?' 하는 의구심이 들었다. 직접 낳고 기른 자식 하나도 잘 키우기 어려운 판에, 매출과 이익을 생각해야 하는 조직의 CEO가 과연 각자의 성격을 십분 활용해 멤버 개개인의 성장을 지원하는 것이 가능할까?

상사의 눈에는 부하 직원의 장점보다 단점이 먼저 눈에 들어온다. 실제로 현장에서 만난 리더들은 대부분 부하 직원의 장점을 살리기보다 단점을 고치고 싶은 충동이 먼저 일어난다고 고백하곤 했다. 그때는 좀 더 신중한 접근이 필요하다.

첫째, 상사로부터 단점을 지적받고 좋아할 사람은 없다. 상사 개인의 의견으로 접근하면 부정적인 결과만 낳고 만다. 오히려 조언하지 않느니만 못한 결과를 낳을 수도 있다.

둘째, 상사의 기대치와 직원 스스로 설정한 목표치가 일치하지 않기 때문이다. 상사는 오랜 시간 회사와 생사고락을 함께한 탓에 우리가 어떤 환경에 놓여 있으며, 조직이 원하는 것이 무엇이고, 무엇을 하지 않으면 안 되는지에 대한 경험적 정보를 체득하고 있는 사람이다. 따라서 상사의 기대 수준은 매우 높고, 스스로 그 기대 수준을 달성하면서 조직 생활을 한 탓에 따라오는 사람들도 그것을 뛰어넘기를 바란다. 하지만 모두가 상사 같을 수는 없지 않겠는가. 그러므로 단점보다 장점을 먼저 보려는 노력이 필요하다.

수십 년간 인사 현장에서 수많은 리더들을 코칭하고 상담하면서 "직원의 장점을 먼저 보세요"라고 말하고 있지만 나 역시 잘하고 있지 못하다. 종합선물세트 같은 다양한 성격의 보고(寶庫) 속에서 아직 인지되지 않은 재능이 발견되었다면, 그 재능을 갈고닦아 조직에 도움이 되는 방향으로 빛을 발하게끔 유도해야 한다. 만만치 않은 작업이지만 어떤 난관이 있더라도 반드시 극복하고 이룩해야 할 과업임에는 틀림이 없다. 세상에 나와 똑같은 사람은 없다는 생각으로 나를 버리고 그들의 머릿속에 들어가 생각 하지 않으면 안 된다.

"야구와 경영은 닮았다"고 어느 경영 이론가는 말했다. 이나모리 회장이 주장하는 '재능의 발굴', 빌리빈 단장의 '머니볼 전략'은 거의 비슷한 개념이고 둘 다 대성공을 거두었다. 이는 경영이란 무엇인가에 대한 구체적인 답이 될 수도 있다. 이나모리 회장은 『사장의 도리』에서 이렇게 말한다. "경영자란 직원의 능력을 극대화하여 주주, 고객, 지역사회를 위해 쓰게끔 최선을 다할 의무가 있다."

경영이 무엇인지에 대한 해답은 각자의 가치 기준에 따라 서로 다를 수밖에 없지만, 기본 조건으로서 '재능 발굴'이라는 마음가짐을 갖춰야 하지 않을까.

함께 일하는 사람을 믿고 있는가?

진심과 감동이 일으키는 동기부여

나는 일본에 오랫동안 살면서 학교를 다니고 직장도 다녔다. 하지만 어느 모임에 가든지 가급적 일본에 대한 이야기는 하지 않는다. 그런데 어느날, 딸아이가 학교 숙제로 자기소개용 PPT를 만들면서 부모님 직업과 관련된 한 줄을 넣게 되었던 모양이다. 내가 하는 일에 대해 질문을 하던 도중 갑자기 이런 말을 던지는 것이었다.

"아빠는 왜 일본 회사에서 일해?"

"응? 일본 회사가 어때서?"

아이의 대답은 예상대로였다. 역사적인 이유와 정치적 갈등으로 일본과 관련된 이야기가 나오면 내심 마음이 불편한 것이 사실이다. 뭐라고 말해야 할지 몰라 난감해하고 있는 나에게 아내가 일본 도쿄의 우체국 소인이 찍힌 편지와 사진이 담긴 조그만 상자 하나를 건네

주었다. 많은 시간이 흐르긴 했지만 언제 보아도 뭉클한 상자 속 이야기를 딸아이에게 들려줄 때가 온 것 같았다.

1991년, 아무 연고도 없는 도쿄에 도착한 나는 다음 날 임시로 머물던 하숙집에서 가지고 있던 돈을 전부 도둑맞았다. 한국인이 운영하는 하숙집이었는데, 먼저 와서 생활하고 있던 한국인 불법 체류자에게 보기 좋게 먹잇감이 되고 만 것이다. 지금껏 고생하신 부모님께 더 이상 부담을 주고 싶지도 않았고 스스로 살아보겠다고 결심하고 고향을 떠나온 터라 집에는 아무 말도 못한 채, 먼저 일본에 건너와 있던 친구에게 생활비를 빌려볼까 하는 마음으로 그 친구가 사는 동네를 찾게 되었다.

친구네 집 근처 역에서 내려 터벅터벅 걸어가고 있는데 '아르바이트 구함'이라는 글자가 눈에 들어왔다. 혹시나 하는 마음에 바라보니 스시마사(壽司正)라는 이름의 일본 전통 초밥집이었다. 일본어가 초보 수준이었던 나는 잠시 주춤했지만 일단 부딪쳐보기로 하고 가게 문을 열었다. 익숙지 않은, 그것도 예순이 넘은 주인 아주머니의 사투리 섞인 일본어는 마치 외계어 같았다. 그분이 하는 말의 10%도 이해하지 못했다.

그런데 기적 같은 일이 일어났다. 멀뚱멀뚱 쳐다만 보고 있는 나에게 주인 아주머니께서 '합격'을 주신 것이다. 게다가 그곳에서 일하는 일본인 직원 5명과 함께 숙소 생활을 할 수 있었다. 돈을 아끼는 것은 물론이고 언어를 빨리 습득할 수 있다는 기쁨이 더 컸다.

시간이 한참 흐른 뒤 왜 내게 그런 호의를 베풀어주셨느냐고 물어봤더니 아주머니는 이렇게 말씀하셨다.

"신 군과 이야기하면서 5년 전 죽은 아들이 생각났지 뭐야. 웃는 모습이 너무 닮았더라고. 막내라고 그랬지? 우리 막내도 신 군이 다니는 학교에 다녔는데, 교통사고로 세상을 떠났거든."

그때부터 3대째 내려오는 일본 전통 초밥집에서의 아르바이트 생활이 시작되었다. 학교 수업이 끝나면 도서관에서 잠깐 공부하다가 일을 하기 위해 가게로 향했다. 아주머니는 저녁을 꼬박꼬박 챙겨주셨고, 시험 기간에는 공부에만 전념할 수 있도록 편의도 봐주셨다. 주인 내외의 사랑은 나에게 큰 행운이긴 했지만 불행의 전조이기도 했다. 일본인 동료들로부터 시기와 질투의 대상이 되어버린 것이다.

그러던 어느 날, 큰 사건이 일어났다. 고객 중에는 기업 고객도 꽤 많았는데, 이들은 대개 월말에 일시불로 결재를 했다. 매달 마지막 날 오토바이를 타고 수금을 하는 일은 액수가 상당했기 때문에 오랫동안 근무한 베테랑 사원의 몫이었다. 들어간 지 1년쯤 되었을 무렵, 바로 그 수금 업무가 나에게 주어졌다. 주인 아주머니께서 나에게 그 일을 맡긴 것이다. 그리고 그날 나는 500만 원 정도가 들어 있는 수금 가방을 잃어버렸다.

분실 신고를 하고 있는 아주머니 앞에서 경찰이 이렇게 말했다.

"한국인 학생이 빼돌리고 잃어버렸다고 거짓말하는 건 아닐까요?"

그의 말이 끝나기가 무섭게 아주머니가 대답하셨다.

"저 아이는 절대 거짓말을 할 아이가 아닙니다. 제가 100% 보장할 테니 그런 의심은 절대 하지 마세요."

순간 눈물이 핑 돌았다. 하늘이 도왔는지, 정확히 사흘 만에 가방이 돌아왔다. 그리고 가방을 잃어버린 경위가 몸이 불편한 지체 장애자를 돕는 과정에서 발생했다는 사실도 밝혀졌다. 한때 나를 의심했던 일본인 직원들은 진심으로 나에게 사과했다. 하지만 내가 정말 기뻤던 건, 나를 믿어준 아주머니를 실망시키지 않았다는 사실이었다.

이 일은 '정의의 잣대는 항상 정직한 사람 편에 있다'는 진리를 다시 한 번 깊이 새기게 만든, 내 인생의 가장 큰 사건이다. 지역 신문에 조그맣게 뉴스가 실려 한동안 유명세를 타는 행운도 맛보았다. 학교를 졸업하고 직장에 다니면서도 바쁜 주말에는 항상 가게로 나가서 아주머니를 도와드렸다. 그분의 이름은 이토치요(伊藤千代). 일본에 계신 나의 어머니다.

사람의 마음을 움직이는 것은 물질적인 것이 아닌 정신적인 것이다. 상대방을 믿고 진심을 다하면 감동이 일어난다. 감동은 동기부여로 이어지고 동기부여는 조직성장의 원동력이 된다. 그리고 이것이야말로 모든 경영자가 꿈꾸는 조직관리의 최고봉이다.

기업 스캔들을 경계하라

조직의 비윤리성이 끼치는 악영향

2016년 4월 12일, 대우조선해양은 서울 본사에서 근무하는 해양플랜트 설계연구직 250명을 거제 옥포조선소로 보낸다고 발표했다. 본사 직원 550명 가운데 절반에 가까운 인력을 이동시키는 프로젝트였다. 발표가 있은 후, 해당 직원은 말할 것도 없고 관계가 없는 타 사업부의 직원도 회사에 사표를 제출하는 일이 벌어졌다.

어수선한 분위기 속에서 3개월이 지난 7월, 검찰은 대우조선해양이 2012~2014년에 5조 4,000억 원에 이르는 분식회계를 저질렀다고 발표했다. 그전만 해도 극심한 불황에 허덕이고 있는 국내 조선 산업에 대한 우려와 함께 대우조선해양의 미래에 대한 연민이 더해져 동정론이 대세를 이루었다. 그러나 분식회계 사실이 발표된 뒤 언론의 스포트라이트는 대우조선해양에 쏠렸고, 새로운 사실들이 하나둘씩 밝혀지기 시작했다.

그중에서도 동정론을 한순간에 비판 여론으로 돌아서게 만드는 사건이 발생했다. 첫째는 영업이익이 발생한 것처럼 회계장부를 조작하여 총 2,000억 원에 이르는 성과급을 전 직원에게 지급한 것이고, 둘째는 구매팀에 근무하는 차장급 직원이 200억 원에 달하는 금액을 횡령하여 내연녀와 호화 생활을 누린 사건이었다. 이로 인해 대우조선해양의 몰락이 총체적인 도덕적 해이에서 비롯되었다는 국민적 분노가 일었다.

싸늘한 대중의 시선은 그곳을 떠나 다른 곳에서 새로운 일자리를 찾으려는 사람들에게도 부정적인 영향을 미쳤다. 4월에 회사를 떠난 사람들은 어렵지 않게 새로운 일자리를 찾은 반면, 7월 후로는 부도덕한 집단이라는 낙인이 찍혀 전직을 희망하는 사람들이 적지 않은 피해를 입었다.

2016년 4월경, 대우조선해양에서 근무하고 있던 후배 A에게서 회사를 옮기게 되었다는 연락이 왔다. 거제도 현장 경영지원 파트에서 10년을 한결같이 일해온 친구였다. 다행히 내가 아는 회사에 취업이 되었기에 그를 채용한 담당 부장의 이야기를 들어볼 수 있었다. 워낙 친화력이 뛰어나고 실력도 있는 친구인지라 평소 눈여겨보아온 터에 본인의 이직 의사를 확인한 뒤 바로 채용했다고 한다.

그런데 그 후배가 이직하고 3개월 뒤 그와 같은 부서에서 근무하던 B도 똑같은 프로세스로 전직을 시도했는데 서류 전형에서 탈락하고 말았다. 담당 부장은 이렇게 말했다.

"B가 지원할 때는 대우조선해양을 바라보는 분위기가 싸늘하지 않았습니까? 저도 그렇지만 내부적으로도 왠지 모르게 부도덕한 집단에 있는 직원을 받아도 되나 하는 회의적 여론이 암묵적으로 형성된지라 선뜻 채용 프로세스를 밟기가 힘들더라고요. 그래서 인력 티오가 없다고 정중히 거절하고 채용 작업을 중단했어요. 남 주기는 아까운 친구라 지금도 많이 생각납니다."

회사에 씌워진 이미지 때문에 내 인생이 영향을 받는다? 흥미로운 주제라는 생각이 들어 좀 더 파고들어보기로 했다. 과연 회사의 이미지가 개인에게 얼마나 영향을 미칠까?

우선 구글코리아 존 리 대표의 간단한 프로필을 가지고 주변 헤드헌터들에게 추천을 했다. 개인 정보는 생략하고 그가 맡아서 추진한 업무 위주의 프로필을 제공했다.

예상했던 대로 반응은 뜨거웠다. 하버드 MBA 출신에 미국 본토에서 생활용품 마케팅을 직접 담당했고, 테스코에서 아시아 시장을 담당했으니 누가 봐도 탐이 났을 것이다. 지금 당장 추진할 일이 있으니 꼭 자기에게 소개시켜달라는 부탁과 함께 좀 더 자세한 신상 정보를 요구하는 전화가 바로 걸려올 정도였다. 그런데 그 프로필의 주인공이 옥시의 대표를 역임한 존 리 사장이라고 고백하자 누구도 선뜻 대답하지 못했다. 우리 사회에서 옥시라는 이름이 갖는 부정적인 이미지 때문이다.

하지만 옥시라는 이름을 듣기 전까지는 모두가 군침을 흘릴 만큼

적그적으로 관심을 표명했다는 사실은 많은 것을 시사한다. 실력이
나 스펙보다 그가 거쳐간 회사의 이름이 갖는 파워가 훨씬 더 강하
다는 뜻이기 때문이다. 옥시 사태가 일어나기 전 옥시 직원은 업계에
서 집중적인 스카우트 대상이었고, 원하기만 하면 직종에 상관없이
연봉 두 배 이상의 조건으로 회사를 옮겼을 정도라고 한다. 물론 지
금은 옥시에서 일한 전력이 재취업에 불리한 요인으로 작용하지만
말이다.

보리스 그로이스버그 교수는 이러한 현상을 일컬어 '스캔들 효과
(Scandal Effect)'라고 했다. 그의 말에 따르면, 기업이 부정 행위를
저지르면 사건과 무관한 직원도 구직 시장에서 그 대가를 치른다.
연구 결과를 바탕으로 그는 "이력서에 스캔들로 얼룩진 회사 경력이
포함된 임원들은 해당 사건과 전혀 관련이 없더라도 새로운 직장을
찾는 데 1.5배 더 많은 시간이 걸리고, 채용된다 하더라도 4~10% 정
도 연봉이 삭감되는 대가를 치른다"라고 했다.

이렇듯 회사의 비윤리성은 직원의 미래에 직접적인 영향을 미칠
수 있다. 이는 정직한 회사를 만들기 위해 직위에 상관없이 모두가
노력해야 하는 이유이기도 하다.

조직이 빛나면 직원도 빛난다

기업의 이미지가 주는 후광 효과

이번에는 앞의 사례와 반대되는 이야기다. 몹쓸 기업으로 사회적
지탄을 받는 기업에서 일했다는 사실이 업보처럼 따라다니며 인생
의 걸림돌로 작용한다면 솔직히 억울한 마음도 있을 것이다. 그럼 반
대로 사회적으로 존경받는 기업에서 일했다는 경력은 과연 얼마나
도움이 될까? 다년간의 연구 조사를 거친 능률협회 인덱스를 참고하
여 한국인에게 가장 신뢰받는 기업을 찾아보았다.

2012년	삼성전자 - 포스코 - 유한킴벌리
2013년	삼성전자 - 포스코 - 현대자동차
2014년	삼성전자 - 포스코 - 유한킴벌리
2015년	삼성전자 - 현대자동자 - 유한킴벌리
2016년	삼성전자 - 유한양행 - 유한킴벌리

삼성전자와 유한킴벌리는 『한국대학신문』이 전국 대학생들을 상대로 조사한 '가장 존경하는 기업'에서 3년 연속 1, 2위에 오르기도 했다. 삼성전자는 규모로 보나 실적으로 보나 대한민국을 대표하는 기업으로, 엄청난 수입만큼이나 사회공헌을 위해 투자하는 금액이 많고 이미지 메이킹을 위한 홍보 활동 역시 상상을 초월한다. 그런데 삼성전자 시가총액의 100분의 1밖에 안 되는 유한킴벌리가 LG나 현대 같은 국내 굴지의 대기업들을 제치고 국민적 사랑을 받고 있다는 사실은 놀라운 일이다.

존경하는 기업의 선정 기준에는 기본적으로 실적이 자리 잡고 있다. 지난 10년간 각 산업별 상위 10위에 선정된 기업의 변천사를 살펴본 결과, 대개 전년도 해당 기업의 실적에 따라 순위 변동이 일어났다. 아무리 사회 친화적인 기업이라도 실적이 받쳐주지 않으면 존경의 대상에서 멀어질 수밖에 없으며, 사회적 존경심도 지속 성장이 가능해야 나올 수 있다는 의미로 해석할 수도 있다.

유한킴벌리는 유한양행 30%, 미국 킴벌리클락 70%의 지분 구조로 이루어진 외국계 기업이다. 킴벌리가 대주주이긴 하지만 유한킴벌리에 흐르는 기업 철학은 유한양행 쪽에 가깝다. 유한킴벌리의 성장을 주도한 문국현 전 대표이사는 유한양행의 창업주인 고(故) 유일한 박사의 정신을 바탕으로 유한킴벌리가 설립되었고, 자신도 유박사의 신념을 따라 조직을 이끌었다고 자서전에서 밝힌 바 있다.

유한킴벌리는 "기업의 목적은 사회 공헌에 있다"는 유박사의 창업 이념을 바탕으로 킴벌리의 서구식 합리주의 경영 시스템을 수용하면서 균형 감각을 갖춘 지속 성장이 가능하지 않았나 싶다. 오래전에 유한킴벌리에서 커뮤니케이션 본부장을 역임한 이은욱 부사장이 2011년 피존의 대표이사로 발탁되었을 때 피존 직원들이 그렇게 환영했다는 말을 듣고 기업 이미지가 주는 후광 효과가 무시하지 못할 무형의 무기라고 생각했다.

우리는 어느 모임에 가든 처음 만나는 자리에서는 간단히 자기소개를 하라는 요청을 받는다. 고향이나 출신 학교는 생략하는 경우가 많지만 현재 어느 회사에서 어떤 일을 하는지는 꼭 밝힌다. 얼마 전 한 모임에서 있었던 일이다. 다른 모임에서 알게 된 한 중견기업의 임원이 자기소개를 하는데 멘트가 예전과 달라졌다. "A 기업의 마케팅 총괄 임원입니다"였던 소개가 그날은 "A에 오기 전에 오랫동안 B에서 회원 사업을 총괄했습니다"라고 바뀔 것이다.

그 이유는 A 기업의 오너가 세무조사 결과 거액의 비자금을 조성하고 그 돈을 모두 해외 원정 도박에 쓴 정황이 포착되었기 때문이다. 한창 잘나가던 회사의 사장과 관련된 일이라 언론에서도 크게 다뤘고, 많은 사람들이 알고 있는 사건이었다. 이런 상황에서 A 기업에 근무하고 있다는 말보다는 그전에 B 기업에 있었다고 말하는 그의 심정이 이해되면서도 본인이 저지른 범죄도 아닌데 마치 자기가 죄인인 것처럼 기가 죽어 있는 모습이 안타까웠다.

사람도 그렇지만 특히 기업은 매출보다 정직, 사회적 통념, 윤리 앞에서 당당해야 한다. 워낙 속도를 강조하는 사회에 살다 보니 이런 말들이 고루하고 답답하게 들리겠지만 더디게 가더라도 기본을 우선시하는 기업 문화가 정립되어야 한다. 회사를 위해서도 그렇고, 최소한 그 회사에 몸담고 있는 사람들이 밖에 나가 자신이 일하고 있는 회사에 대해 창피함을 느끼게 해서는 안 된다.

리더의 자격은 무엇인가?

사장과 직원 사이에 필요한 것

서로 바라보는 방향이 다를 수밖에 없는 사장과 직원 사이에서 HR의 역할이 참 많으니 우리가 분발해야 한다는 취지로 '사장과 직원 사이'라는 글을 쓴 적이 있다. 그러자 많은 사람들로부터 "그렇다면 사장의 자격은 무엇입니까?"라는 질문을 받았다. 나 또한 조직개발을 전문으로 하는 컨설팅 회사의 대표를 맡고 있는지라 '사장의 자격'에 대해 곰곰이 생각해보는 계기가 되었다. 한참 고민한 끝에 정운찬 교수와의 인터뷰가 떠올랐다.

가을 햇살이 내리쬐던 2016년 9월의 어느 날, 서울대 근처의 평범한 주택가에서 정운찬 교수를 만났다. 이노비즈협회가 발행하는 계간지의 대담 기사를 쓰기 위해 그분의 집무실을 찾았는데, 이웃집 아저씨처럼 반갑게 맞이해주시는 모습에 편안한 마음으로 인터뷰를 진행할 수 있었다. 그 당시 그분의 공식 직함은 '동반성장재단이사장'이었던지라 처음에는 '이사장님'이라는 호칭으로 질문을 시작했다. 하지만 시간이 흐르면서 자연스럽게 호칭이 '선생님'으로 바뀌었다.

나는 우선 평소 궁금하게 여겼던 여러 가지 문제에 대해 허심탄회하게 질문을 던졌다. 1만 2,000곳의 중소기업을 대변하는 협회이기에 가장 첨예하게 맞붙어 있는 대기업과 중소기업의 상생 문제가 이슈가 되었다. 그리고 중소기업이 나아가야 할 방향과 재벌 문제, 경제 민주화에 이르기까지 영역을 가리지 않고 질문을 던졌다. 이와 관련된 답은 생략하고, 여기서는 공식적인 질의응답이 끝나고 다소 자유로운 분위기에서 오간 '사장의 자격'이란 주제를 가지고 나눈 비공식 대화를 소개하고자 한다.

나는 CEO에게 필요한 능력 중 가장 중요한 것이 무엇인지 물었다.
"신 사장이 보기엔 어떤 것이 가장 필요할 것 같소?"
"여러 가지가 있겠습니다만, 첫째는 '신뢰'가 아닐까 싶습니다. 기업이든 사람이든 잘나갈 때는 아무 문제가 발생하지 않지만 어려움이 닥치면 꼭 문제가 생기게 마련이거든요. 기본적으로 경영자와 직원들 사이에 신뢰가 굳건한 회사는 아무리 곤란한 상황에 처하더라도 슬기롭게 헤쳐나오는 반면, 평소 서로에 대한 믿음이 약했던 회사는 터널에 들어가는 순간부터 아수라장으로 변하는 경우를 숱하게 보아왔습니다."

"흥미로운 대답이군요. 그럼 다른 하나는?"

"둘째는 '통찰력'이라고 생각합니다. 통찰력이란 자신의 비즈니스 영역이 어떤 방향으로 흘러가고 있는지를 예측하고 철저히 준비해서 불황에 대비하고 호황기에 비즈니스 파이를 키울 수 있는 능력을 말합니다. 조직의 최고 책임자라면 최소한 자신이 몸담고 있는 사업에 있어서는 미래를 보는 통찰력이 있어야 합니다."

이야기를 듣고 난 정 교수는 조용히 입을 열었다.

"신 사장, 내가 가장 존경하는 분이 조순 선생님이에요. 경제부총리로 시작해 한국은행 총재와 서울시장을 지내신 분이죠. 그분이 서울대에서 우리를 가르치실 때부터 아흔이 다 되어가는 지금까지도 일관되게 하시는 말씀 중에 '대통령의 자격'이란 게 있답니다."

"대통령이 가져야 하는 자격이 뭐라고 하시던가요?"

"첫째가 '공감'이에요. 그분이 생각하는 공감이란, 국민이 처한 현실을 함께 공유하는 것입니다. 아픔과 기쁨의 공유를 통해 서로에 대한 믿음이 생겨난다는 거죠. 가족과 같은 믿음이 있다면 앞을 향해 나아갈 수 있는 응집력이 생긴다고 믿고 계세요. 신 사장이 생각하는 신뢰와 다르지 않다고 생각합니다.

둘째는 세계 정세를 보는 '지혜'입니다. 지금처럼 강대국이 주도하는 국제 정세에서 홀로서기는 거의 불가능해요. 판세를 분석하고 철저히 준비해서 우리 국민이 곤란한 상황에 빠지지 않도록 대비하게끔 하는 지혜가 필요하다는 말이에요. 결국 사장이든 대통령이든 규모의 차이는 있겠지만 필요로 하는 능력은 같다고 생각합니다. 공감과 공유를 통한 상호 신뢰와 미래의 흐름을 읽고 필요한 것을 사전에 준비할 줄 아는 지혜가 아닐까요."

이때의 대화는 이후 내가 '사장의 자격'에 대한 가치관을 정립하는 데 큰 도움이 되었다. 작은 기업의 CEO든, 글로벌 기업의 CEO든 함께 일하는 직원들과의 '공감'이 무엇보다 중요하다. 공감을 통해 믿음이 싹트면 험난한 파고를 뚫고 앞으로 나아갈 수 있다. 조직을 이끌어가는 리더라면 새겨들어야 할 가르침이다.

왜 그 모임에만 사람들이 북적일까?

상대의 마음을 움직이는 마법

여러 번 참석을 못한 관계로 미안한 마음에 다른 약속을 취소하고 참석한 송년회가 하나 있었는데, 기대에 훨씬 못 미치는 참석률을 보며 문득 궁금해졌다. 왜 어떤 모임은 사람들로 북적대는데, 어떤 모임은 예상보다 적은 인원수로 김이 빠져서 적당히 시간만 때우다가 오게 되는 걸까?

첫째, 내가 모임의 총무를 맡고 있는 모임들부터 살펴보기로 했다. 나는 총 3개의 모임에서 총무를 맡고 있는데, 이들 모임의 회원수 대비 송년회 출석률을 조사했다. 내가 맡은 조직이다 보니 아무래도 열성적으로 참석을 권유하게 된다. 그래서인지 참석률이 나쁘지 않다. 송년회 참석률은 평상시 참석률을 조금 웃도는 숫자로, 3곳 모두 70% 정도였다.

둘째, 나는 그저 회원일 뿐이지만 '극성스러운 총무' 때문에 우선적으로 참석하는 2개의 모임을 조사해보았다. 이들 모임의 총무들은 정말 지극정성인데 그 때문인지 출석률이 무려 75%였다. 누군가는 "다른 데 갈까 하다가 총무가 저렇게 열심인데 여기 안 오면 왠지 미안한 마음이 들어서 왔어요"라고 할 정도다.

셋째, 게으른 총무를 둔 모임이다. 이 모임의 총무는 회원들이 오거나 말거나 별로 상관하지 않는다. 본인이 없는 자리에서 총무로 지명당한 탓에 스스로 동기부여가 되지 못한 경우다. 인사에서 말하는 '자발적 참여'가 결여되었다고 할 수 있다. 그렇다 보니 회원들에게 연락할 때도 별로 성의가 없어 보인다. 오면 좋고, 안 와도 상관없고. 역시나 송년회 참석률도 30%로 저조하다.

넷째, 총무 본인이 참석하지 못하는 사태가 벌어질 경우다. 피치 못할 사정으로 총무가 출석하지 않으면서 회원들에게 참석을 요청하는 문자나 전화를 돌릴 때가 있다. 얼마 전, 아버님이 갑자기 병원에 입원하시게 되면서 예정된 모임에 출석하지 못하는 상황이 발생했다. 총무인 나는 참석하지 못하지만 회원들에게 꼭 모임에 참석해달라는 메시지를 보냈다. 회원 수가 약 30명 정도인 모임에는 보통 80%선인 23~25명 정도가 출석했는데, 내가 결석한 날은 평소의 절반 수준인 12명에 불과했다. 그 이유를 모르고 있다가, 얼마 전 걸려온 전화를 받고서야 비로소 이해하게 되었다.

"선배님, 다음 주 모임 아시죠? 참석하시는 걸로 알고 있을게요. 꼭 오셔야 해요."

그런데 총무의 목소리가 평소와는 달랐다.

"응, 그런데 너 오늘 목소리가 이상하다. 무슨 일 있어?"

"어떻게 아셨어요? 사실은 제가 이번 모임에는 참석하지 못하거든요. 비밀로 해주세요."

아니나 다를까, 그날의 모임에는 평소보다 훨씬 적은 숫자가 참석했다. 총무의 부재를 알 리 없을 텐데, 어떻게 이런 결과가 생긴 걸까?

그날 결석한 사람들을 상대로 몇 명에게 전화를 걸어 이유를 물어보았다. 이유는 간단했다. 총무의 목소리에서 '강한 구속력'을 느끼지 못했다는 것이다. 목소리만으로 '오면 좋고, 안 와도 상관없고'를 감지한 것이다. 지극히 개인적인 신상 변화가 목소리를 통해 상대방에게 전달된다는 사실이 신기했다.

『설득의 심리학』으로 유명한 로버트 치알디니 교수는 이렇게 말했다. "협상에 있어서 가장 피해야 할 점은 경험하지 않았거나, 잘 알지 못하는 분야를 가지고 상대방을 설득하려 하는 것입니다. 자신이 직접 체험하지 않았거나, 참여할 의사가 없는 분야를 가지고 상대방을 설득하려는 것은 상대방을 기만하는 행위이며, 이는 의도하지 않더라도 자연스럽게 상대방에게 전달됩니다."

의사소통 분야의 세계적 권위자인 엘버트 메라비안 UCLA 교수는 『침묵의 메시지』에서 상대방의 의사결정에 영향력을 미치는 커뮤니케이션 요소의 비중을 조사해본 결과, 콘텐츠가 차지하는 비중은 7%에 불과하고 청각적 요소가 38%, 시각적 요소가 55%를 차지한다고 밝혔다. 이렇게 나온 7:38:55 비율이 이른바 커뮤니케이션의 황금률로 통히는 '메라비안의 법칙'이다.

앞에서 열거한 네 가지 사례도 마찬가지다. 콘텐츠에 해당하는 '모임 공지'에는 차이가 없다. 다만 청각적 요소가 참석자 비율의 차이를 만든 것이다. 상대방의 마음을 움직이는 요소로 '경험과 체험'에 입각한 설득은 매우 중요하다. 친구에게 투자를 권유받을 때도 흡입력이 있는 말이 "나도 투자했어"라는 멘트다. 마찬가지로, 모임에 상대방을 오게끔 유도하는 가장 흡입력 있는 행동은 나부터 참석하는 것이다.

무엇보다 권유의 말에 '영혼'을 담는 것이 중요하다. '우리 모두를 위한 것'이라는 대의명분, '진심으로 당신을 위해 권유한다'는 진정성을 가지고 접근하면 분명 좋은 결과가 나온다. 의사소통에서 시각적 요소가 가장 큰 비중을 차지하는 이유는 얼굴에서 상대방의 진정성을 느낄 수 있기 때문이다. 말과 표정에서 진심이 담긴 '영혼 있는 초대'가 큰 차이를 만드는 이유다. 기업이 직원을 대할 때나 직원이 고객을 대할 때도 마찬가지다.

솔선수범을 지키고 있는가?

직원이 바라는 상사의 모습

전쟁영화에서 묘사되는 리더의 이미지는 거의 비슷하다. "나를 따르라"는 구호와 함께 적진을 향해 제일 먼저 뛰어 올라가는 모습이다. 명령만 내리고 자신은 후방으로 빠진다거나, 신변의 안위를 위해 참호에서 나오지 않는 대장의 명령을 따를 병사는 없을 것이다. 전쟁에서 이기기 위해 혈육의 목숨까지 바쳐가며 전쟁터로 향한 김유신과 계백, 그리고 죽을 것을 알면서도 폭탄을 가슴에 안고 적진을 향해 돌진한 사람들을 보면서 우리가 고민하는 리더십의 가장 근원적인 출발점은 바로 이것이 아닌가 싶다.

비단 전쟁터가 아니어도 마찬가지다. 어찌 보면 비즈니스 세계는 더 살벌한 치킨게임을 벌이는 거대한 전쟁터라고 할 수 있다. 장소가 어디든 리더는 전투에서 승리하기 위해 가장 먼저 조직원을 점검한다. 싸움에 임하기 전에 리더가 해야 할 가장 큰 미션은 조직원의 의식을 '우리'로 묶는 것이다. 싸움의 성패는 구성원의 몸과 마음이 얼마나 하나로 모아졌느냐에 달려 있다고 해도 과언이 아니다. 그러기 위해서 리더가 가장 중요하게 생각해야 할 덕목은 '자기희생과 솔선수범'이다.

  한동안 미친 듯이 성장하던 외식 산업에서 두각을 나타내던 CEO가 있었다. 그런데 한류를 동반한 치맥 열풍과 함께 중국 시장을 겨냥한 중견기업들이 사업에 뛰어들었고, 결국 후발 주자에게 밀려 창업 이래 최대 적자를 기록했다. 그리하여 사장은 임직원의 급여 삭감을 포함한 여러 가지 자구책을 발표했다. 그리고 모두가 힘을 합치면 지금의 힘든 시기는 얼마든지 극복할 수 있다고 강조하며 본인부터 솔선수범할 테니 나를 믿고 따라오라고 힘주어 강조했다.
  그런데 그 이후 사내에 이상한 소문이 돌기 시작했다. 사장이 회사 돈으로 어떤 여성에게 집을 사주었다는 것이다. 소문의 근원지는 총무 파트였다. 회사의 뭉칫돈이 어디론가 빠져나간 사실을 이상하게 여긴 담당자가 장부에 기록되지 않은 거래처가 있는지 확인하기 위해 금액 수령인에게 전화를 걸어본 것이다. 하지만 수령인은 부동산 중개업자로 드러났고, 이런저런 얘기를 하는 과정에서 아파트의 실거주자가 누군지 알게 되었다. 자그마한 회사이다 보니 소문은 삽시간에 퍼졌다.
  직원들은 심한 배신감에 일을 놓기 시작했다. CFO는 "저렇게 말과 행동이 다른 사람을 보스로 모시고 일할 수는 없다"며 사표를 던지고 나와버렸다. 그를 포함하여 양식 있고 능력 있는 직원들은 모두 떠나고 지금은 오갈 데 없는 사람만 남은 좀비회사가 되어버렸다. 그러나 사장의 탁월한 영업력 때문인지, 아니면 이런 일에 별로 관심을 갖지 않는 소비자의 무관심 때문인지, 그래도 회사는 아직까지 잘 유지되고 있다.

사장의 개인사를 문제 삼으려는 의도가 아니다. 문제는 직원들에게 요구하는 행동과 본인에게 적용하는 잣대가 다르다는 것이다. 직원들에게는 고통 분담을 강조하면서 정작 본인은 수억에 달하는 회삿돈을 잘못된 곳에 쓰는 것은 결코 바람직한 리더상이 아니다.

다음 자료는 지난 5년간 우리 회사가 거래하는 기업 고객을 상대로 조사한 자료 중에서 '직장인들이 바라는 상사의 이미지'를 분석한 것이다.

순위	팀장	중시도	팀원	중시도
1	방향성을 제시하는 상사	46.7%	멤버들의 목소리에 귀 기울이는 상사	60.3%
2	솔선수범하고 책임감이 강한 상사	41.4%	솔선수범하고 책임감이 강한 상사	46.1%
3	멤버들의 목소리에 귀 기울이는 상사	40.3%	계획을 제시하고 끝까지 멤버를 이끄는 상사	35.1%
4	계획을 제시하고 끝까지 멤버를 이끄는 상사	39.1%	멤버의 성장을 고려하면서 업무를 배분하는 상사	33.7%
5	멤버의 성장을 고려하면서 업무를 배분하는 상사	28.9%	방향성을 제시하는 상사	20.1%

관리자가 원하는 상사 이미지 1순위는 '방향성을 제시하는 상사'다. 반면, 직원들은 '세심하게 잘 들어주는 상사'를 1순위로 꼽았다. 포지션에 따라 중시하는 내용이 서로 다른데 어찌 보면 당연한 결과다. 하지만 2순위는 직급에 상관없이 '솔선수범하고 책임감이 강한 상사'다. '나를 따르라'고 말하기 전에 본인부터 그에 합당한 모범을 보여주기를 바라는 것이다.

실수와 사기는 다르다

정직한 조직을 추구해야 하는 이유

케이터링 서비스를 하는 대기업 A에 식재료를 납품하는 친구가 있다. 좋은 식재료를 공급하기 위해 전국 방방곡곡을 누비고 다니며 신선하고 품질 좋은 농산물을 발굴하는 일을 보람으로 여기는 정직한 사람이다.

그런데 항상 콧노래를 즐겨 부르며 긍정 바이러스를 발산하던 이친구가 어두운 표정으로 찾아왔다. 무슨 일이냐고 물어보았더니 그는 A 기업에서 최근 말도 안 되는 요구를 해서 큰 고민에 빠져 있다고 했다.

"납품하는 식재료의 모든 단가를 30% 내려달라는데 현실적으로 절대 불가능하거든."

오래전부터 납품 단가 인하 압력을 받긴 했지만 더 이상은 버티기 힘들 정도로 거센 압력이 들어왔다는 것이다. 10% 인하가 마지노선으로, 더 이상 인하하면 본인이 적자를 떠안아야 하는 실정이었다.

그런데 A 기업에 있는 지인에게 전해 들은 바로는 그 회사도 심각한 경영 위기를 겪고 있었다. 경쟁 업체들이 잇따라 공개 입찰에서 저가 공세를 펼치면서 기존 거래처가 상당 부분 경쟁사로 넘어갔고, 어떻게든 가격 인하를 하지 않으면 안 되는 상황이었다. 그러자니 자연스레 식재료를 포함한 모든 영역에서 무조건 30% 원가 절감을 선언했던 것이다.

"피해 갈 수는 없을 겁니다. 손해를 보더라도 승복하는 게 좋을 거예요. 더 싸게 공급받을 수 있는 거래처는 얼마든지 있거든요."

몇 개월이 지난 어느 날, 그 친구에게 다시 연락이 왔다. A 기업이 자신이 납품하던 모든 농산물 대신 값싼 중국산을 가져다 쓰면서 국내산이라는 생산지 표시를 바꾸지 않고 그대로 쓰고 있는데 어찌하면 좋겠느냐는 것이었다. 솔직히 처음엔 믿기지 않았다. 친구는 중국산이라는 정확한 물증은 없다고 했다. 하지만 음식에 대해 조금이라도 아는 사람은 먹어보면 중국산과 국내산의 차이를 확연히 느낄 수 있다며, 확신하건대 분명 자신이 납품했던 농산품의 대부분이 중국산으로 대체되었다는 것이다.

전화를 끊고 A 기업에 있는 지인에게 그 내용을 전달했더니 당황해하며 간곡히 부탁했다.

"그럴 리 없겠지만 만일 말씀하신 내용이 사실이라면 저희 회사의 운명을 좌우하는 사건이 될 것입니다. 바로 확인해보겠습니다. 확인이 끝날 때까지 절대 이 사실을 외부에 알리지 말아주십시오."

일주일 뒤 A 기업으로부터 전화가 걸려왔다. 원가 절감을 위해 기존 거래선을 바꾸는 과정에서 상당량의 농산물이 중국산으로 대체되었음에도 원산지 표시를 바꾸지 않은 사실이 드러나 담당자를 중징계하였으며, 이전의 국내 거래처로 다시 바꾸기로 했다는 말도 전해주었다. 내 친구와도 다시 거래하기로 했다는 말과 함께 감사의 말도 잊지 않았다.

결과적으로 해피엔딩이 되었지만 만일 A 기업이 내 전화를 받고도 내부적으로 확인해보지 않았거나 국내산으로 둔갑한 중국산 농산물 사용에 대해 이의를 제기하는 사람이 없었더라면 큰 사건이 되었을 수도 있다.

누구나 알 만한 글로벌 기업에도 비슷한 일이 있었다. 디젤 엔진에 배기가스 배출량을 속이는 소프트웨어를 장착했다가 탄로가 나는 바람에 국제적 망신을 산 폭스바겐 이야기다. 그 당시 미국 언론은 "폭스바겐이 앞으로 써야 할 돈은 미국 내에서만 벌금 21조, 1,100만대 리콜에 들어가는 비용 23조, 다른 국가에서 치러야 하는 벌금과 리콜 20조, 여기에 더하여 각종 소송에서 물어야 하는 대가로 20조, 총 84조에 달하는 비용 지출이 예상된다"라고 보도했다. 전문가들은 천문학적인 처리 비용보다도 소비자들의 신뢰가 사라져버렸다는게 더 큰 문제라고 지적했다. "유사한 건의 도요타 사태와 달리 폭스바겐을 바라보는 미국 내 여론은 폭스바겐이 사기를 쳤다고 생각한다는 사실에 있다. 도요타는 실수라고 생각했기 때문에 리콜 처리로 사태를 수습할 수 있었지만, 폭스바겐은 조작된 프로그래밍을 입력했기 때문에 엄연히 의도된 사기다." 여론은 한목소리로 폭스바겐을 비난했고, 결국 폭스바겐은 신뢰 상실의 대명사가 되어버렸다.

허위로 원산지 표기를 조작한 A 기업의 경우 조직적으로 회사가 관여한 고의적 사기라기보다는 담당자의 과욕이 부른 실수에 가깝다. 그래서 나를 포함한 주변인들이 애정 어린 조언을 해줄 수 있었고, 회사 역시 신속하게 조사하여 발 빠르게 대응할 수 있었다. 의도된 사기가 아닌 이상, 다시 기회를 주고자 하는 우리 사회의 암묵적 룰도 상당한 영향을 미쳤다고 볼 수 있다. 그러나 폭스바겐의 경우 실수가 아닌 '사기'라고 간주된다. 그래서 상당수의 미국인들이 아직도 폭스바겐에 대해 비난의 끈을 놓지 않고 있는 것이다.

이익이라는 단어에 민감하지 않은 기업은 없다. 이익 확보를 위해 눈속임을 하는 기업도 적지 않다. 하지만 기업은 소비자의 신뢰를 먹고 산다. 신뢰를 먹지 못하면 약해질 수밖에 없다. 이렇게 중요한 '신뢰'라는 가치를 쌓기란 여간 어려운 일이 아니다. 아무리 서둘러도 10년은 공을 들여야 하는 무척 까다로운 일이다. 업종에 따라서는 100년이 필요한 분야도 있다. 하지만 신뢰라는 탑이 무너지는 것은 한순간이다. '정직'이라는 단어를 경영자만의 몫이 아닌 조직 전체의 책임으로 끊임없이 강조해야 하는 이유인 것이다.

혼자 일하는 리더인가?

직원의 잇따른 이탈과 대응법

평가보상과 관련된 컨설팅을 할 때 가장 신경 쓰는 부분이 조직에 대한 공헌도를 측정하는 데 직급별 가중치를 항목별로 얼마나 두느냐는 것이다. 예를 들면 하위 직급에 있어 가장 비중을 많이 두는 영역은 현장 업무다. 통상 개인의 목표관리(MBO Management By Objective) 시트에 기입된 수행 미션을 의미하는데, 개인별로 수행해야 할 실무 위주의 항목들로 구성되어 있다. 반면, 매니저 직급으로 올라가면 개인별 실무 위주의 임무보다는 조직관리 부분의 가중치가 높아진다. 이는 팀장 개인의 능력이 아니라, 함께 일하는 팀원들의 전체 합에 의해 결과가 도출되도록 하기 위해서다.

팀장 개인의 능력으로 혼자서 100을 만들어내는 팀보다 팀원 각자가 낸 결과의 합으로 100이 나오게끔 하는 팀장을 높이 평가하고 보상받도록 설계하는 것이다. 그러나 아직도 이를 제대로 이해하지 못한 채 개인플레이에 주력하는 관리자와 마주할 때면 나도 모르게 한숨이 나온다.

게임 엔진을 기반으로 인테리어 관련 소프트웨어를 만드는 한 IT 벤처기업은 후발주자인데도 사업에 대한 열정과 사장의 친화력 덕분에 시장 점유율을 급속도로 끌어올렸다. 그런데 한동안 높은 성장세를 이어가다가 예기치 못한 사건이 발생했다. CEO와 CTO를 겸직하고 있던 사장이 사세 확장으로 CEO 직무에 전념하기로 결정하면서 공석이 된 CTO 자리에 평소에 알고 지내던 전문가를 앉힌 것이 화근이었다.

새로 영입한 CTO는 카이스트 박사 출신으로, 그 분야에서 탁월한 연구 실적과 함께 국책 과제 경험이 풍부한 사람이었다. 개인적으로 아끼는 후배가 사장인지라 큰 기대를 갖고 회사의 미래를 지켜보기로 했다. 하지만 얼마 지나지 않아 사장의 얼굴에 어두운 그림자가 드리워졌다. 평소에 워낙 인사성이 좋고 표정도 밝은 친구였던지라 금방 눈치 챌 수 있었다. 상대가 먼저 말하기 전까지는 물어보지 않는다는 다짐을 깨고 단도직입적으로 물었다.

"요새 무슨 걱정 있어? 얼굴이 많이 안 좋아 보이는데."

"그렇잖아도 오늘은 상의를 좀 드리려고 했어요. 요즘 연구소 인력들이 하나둘씩 회사를 빠져나가는 바람에 걱정이 이만저만이 아닙니다. 신규 주문은 계속 늘고 있는데 전문 인력은 점점 줄어들고 어떻게 해야 할지 모르겠습니다. 신용 하나로 여기까지 왔는데, 요즘은 고객들에게 사기꾼이란 말을 들을 정도로 납기를 맞추지 못해 전전긍긍하고 있어요. 오죽하면 한참 전에 손을 놓았던 개발 일을 제가 다시 잡았겠습니까."

대충 무엇이 문제인지 짐작됐다. 아끼는 후배가 안쓰러워 조금이라도 도움을 주고 싶은 마음에 최근 퇴사한 직원들 가운데 몇 명에게 직접 전화를 돌려보기로 했다. 대개 이런 경우 내부에 있는 사람은 본심을 말하기 힘들어도 외부에 있는 사람은 의외로 진솔하게 답을 해주는 경우가 많기 때문이다.

나는 후배 앞에서 그들에게 단도직입적으로 퇴사 이유를 물었다. 공교롭게도 대부분이 새로 부임한 CTO와 관련된 내용이었다. "그 사람 밑에서 일하는 건 지옥과 같다"라는 심각한 답변도 돌아왔다. 인간적으로 팀원들을 무시한다는 내용이었다. '이런 작은 중소기업에서 일하는 너희들 실력은 안 봐도 뻔하다'는 식의 인상을 풍기면서 조금이라도 실수를 하면 "그럼 그렇지" 하며 비꼬는 듯한 말투로 모멸감을 준다는 것이었다.

결국 문제의 진원으로 지목된 CTO와 면담을 가져보기로 했다. 예상했던 대로 그의 대답은 명료했다. 부하 직원들에게 일을 맡기면 답답하다는 것이었다. 혼자 일하는 것이 습관화되어 있다 보니 누군가에게 일을 맡기는 것도 익숙하지 않거니와, 설령 맡긴다 해도 생각했던 만큼 성과가 나오지 않으니 실망감만 커진다고 했다. 그러면서 그는 "그냥 혼자 일하는 게 편합니다"라고 말했다.

약간의 우여곡절이 있긴 했지만, 얼마 지나지 않아 그는 다른 연구소로 자리를 옮겼다. 그리고 공석이 된 CTO 자리는 당분간 내부 직원이 맡기로 했다. 시간이 흐른 뒤 후배를 다시 만날 일이 생겼다.

"명문대 출신이라는 배경 때문에 제가 판단력을 상실한 것 같습니다. 예전에 제가 직장생활을 시작했을 때의 마음으로 돌아가 조직의 성장을 위해 무엇이 중요한지 다시 한 번 점검하겠습니다."

어려움 없이 조직을 운영하는 스타트업은 없다. 수십 번 넘어지고 쓰라린 심정에 잠 못 이루는 날이 매일이다. 하지만 CEO의 성향에 따라 회복 탄력성이 달라진다. 이 친구의 경우 정직하고 건강한 기업가 정신을 갖고 있었기 때문에 큰일을 당하고도 신속히 조직을 재정비할 수 있었다. 크고 작은 문제로 주춤하는 기간은 더 큰 도약을 위해 신발 끈을 다시 묶는 시간이라 생각하자.

유능한 코치는 무엇이 다른가?

맞춤식 후배 지도의 필요성

요즘 주말이면 동네에 있는 골프 연습장에 가는 즐거움에 푹 빠져 있다. 타구가 제대로 맞을 때의 기쁨도 있지만, 그곳에서 알게 된 비슷한 또래의 남자들과 이런저런 이야기를 하는 것도 소소한 재미 가운데 하나다.

그중 한 식당을 운영하는 사장님과 친분이 쌓여 그분이 회장을 맡고 있는 모임에 들어가면서 10명이 넘는 또래들과 인사를 하게 되었다. 어느 주말, 어김없이 장비를 챙겨 연습장에 갔다가 마침 회장님이 회원들을 상대로 타격 지도를 하고 있는 모습을 보았다. 원래 연습장에 소속된 프로가 아니면 회원들끼리 타격 지도를 하는 것은 금지되어 있는데, 회장님은 그곳 사장과도 친분이 두터워 조금씩 회원들을 지도해주고 있었다. 프로 자격증을 가지고 있을 정도로 고수라는 말을 전해 들은지라 관심을 갖고 지켜보았다. 그런데 그분의 지도에서 한 가지 눈에 띄는 점이 있었다. 어떤 회원에게는 몇 마디 말로 끝내는데, 어떤 회원에게는 장황한 설명과 함께 스마트폰으로 촬영까지 해가며 꼼꼼하게 설명을 해주는 것이었다.

"회장님, 똑같이 드라이버 다루는 법을 설명하시는데, 왜 세 분에게 설명하시는 내용이나 방식이 서로 다르죠? 무엇이 정답인가요?"

"정답이 따로 있나, 본인에게 맞으면 그게 정답이지."

"무슨 말씀이신지요?"

"저분들과 깊게 이야기해본 적 없지요?"

"예, 다들 최근에 알게 된 분들이시라."

"같은 내용이라도 사람의 성향에 따라서 어떤 사람은 긍정적으로 받아들이고, 어떤 사람은 무시해버리지요. 말 그대로 백인백색(百人百色)인지라 똑같은 방식으로 전달하는 것보다는 맞춤식 전달이 개선 효과가 크다는 사실을 깨달았습니다."

조직에서도 이런 일을 어렵지 않게 볼 수 있다. 얼마 전 방문한 한 중견기업의 신입사원 멘토링 프로그램에서 특강을 마치고 맨 앞자리에 앉아 있는 참석자에게 질문을 던져보았다.

"여러분의 선배나 사수가 지금 충분히 업무 가이드를 해주고 있다고 생각하나요?

"글쎄요, 어느 정도가 적당한지는 잘 모르겠지만 이 정도면 충분하다고 하실 때가 많아 힘이 듭니다. 아직도 모르는 것투성인데요."

"옆자리에 앉은 직원은요?"

"제 경우는 지나친 관심이 부담스러울 때가 많습니다. 어린아이처럼 취급하시는 것 같아 어떤 때는 불쾌하기도 합니다."

내 경험에 의하면 자아가 강하고 자존심이 센 사람일수록 자상한 코칭에 대해 '지나치게 간섭한다'고 생각하는 경향이 강하며, 겸손하고 배우려는 자세가 강한 성격일수록 '아직 부족하다'고 생각하는 경향이 강하다. 어느 쪽이 좋고 어느 쪽이 나쁘다는 것이 아니라 성향에 따라 받아들이는 태도에 차이가 있으니 육성의 관점에서도 주의할 필요가 있다.

영국 정치사를 보면 받아들이는 이의 성향을 고려한 육성 전략으로 유명한 인물이 있다. 바로 벤저민 디즈레일리 총리다. 그의 가장 큰 장점은 상대방의 장점과 재능을 최대한 빨리 파악하여 그가 가지고 있는 성향에 맞추어 대응 전략을 구사했다는 점이다. 심지어 경쟁자들조차 그를 만나면 자기가 세상에서 가장 똑똑한 사람이라는 생각을 가지고 방을 나서게 만들었다고 한다. 영국인들 중에는 아직도 그가 육성한 정치인들로 인해 대영제국의 민주주의가 꽃피었다고 말하는 이들이 적지 않다.

누군가를 지도하고 가르치는 일은 쉽지 않다. 어찌 보면 업무 외의 일이고, 상당한 심리적 압박을 받는다. 그렇다고 대충대충 해서는 곤란하다. 자신의 스타일과 성격을 고집하고 무조건 따르라는 식은 더 곤란하다. 후배가 어떤 성격을 가졌는지, 어떤 마음가짐으로 업무에 임하고 있는지를 먼저 파악한 뒤에 가르치는 것이 중요하다. 이제 일을 시작한 후배에게는 그 시간이 인생에서 가장 중요한 순간이기 때문이다. 병아리가 알을 깨고 나와 처음 보는 대상을 엄마라고 여기며 따르듯, 당신의 가르침이 후배에게 매우 중요한 본보기일 수 있다.

작은 성취가 자신감을 만든다

과도한 목표 설정의 무리수

1953년 힐러리 경이 인류 최초로 에베레스트 정상을 정복했을 때만 해도 이 산은 인간이 감히 범접하지 못할 곳이었다. 힐러리 경이 등정에 성공한 지 24년 만인 1977년에 고(故) 고상돈 대장이 한국인 최초이자 세계에서 58번째로 정상에 올랐다. 그 사이 1년에 2.5명꼴로 등정에 성공한 것으로 그 후 2004년에는 무려 330명이 에베레스트 정상에 올랐다. 에베레스트를 정복한 사람이 왜 이렇게 갑자기 많아진 것일까?

그 이유는 베이스캠프의 위치에 있었다. 세계 최초로 에베레스트를 정복한 힐러리 경이나 고상돈 대장이 에베레스트를 정복한 시절에는 해발 2,000미터 지점에 베이스캠프를 세웠다. 그 지점부터 정상에 오르려면 엄청난 고난을 극복해야만 했다. 그러나 1990년대 중반

이후부터는 6,700미터 지점에 베이스캠프를 설치했다. 모든 장비를 그곳에 가져가서 정상 정복의 여정을 시작했으니 2,000미터 정도만 오르면 에베레스트를 정복할 수 있는 시대가 열린 것이다.

산악인에게나 통용되는 에베레스트의 이야기는 종종 기업 경영에도 인용되곤 한다. 성남에 위치한 C 기업에서 있었던 일이다.

"혹시 사장님께서 자주 인용하시는 내용이 이것 아닌가요?"

"예, 바로 그거에요. 에베레스트 사례를 참고하여 목표를 두 배 높게 잡았습니다."

"다른 계획은 없나요? 예를 들면 M&A를 한다거나 생산 설비를 두 배로 늘린다거나."

"달라진 건 거의 없습니다. 거래처에도 큰 변동은 없고요. 모든 상황이 작년과 별 차이가 없는데 갑자기 목표를 두 배나 높게 잡으시니 참으로 난감합니다."

"직원들 사기는 어떤가요?"

"해보자는 의욕보다는 '사장님은 다른 세상에 계시는 분'이라는 냉소주의가 더 큽니다. 신 사장님 말씀은 그래도 들으시는 편이니 말씀 좀 해주셨으면 좋겠습니다."

2년 전 매출이 300억, 1년 전 매출이 500억 원 정도였는데 올해 매출 목표를 1,000억으로 잡았으니, 목표치를 채우기 위한 무리한 압박이 끊임없이 내려오는 상황에서 직원들은 해보기도 전에 이미 지쳤다.

사장은 2년간의 매출만 비교하면 170%의 성장을 일구었으니 200% 성장이 불가능은 아닐 거라고 생각하는 듯하다. 하지만 내부 자원의 대대적인 투하나 외부 환경의 대변혁이 없는 한, 조직원의 의지에 의한 성장률은 통상적으로 10%를 벗어나기 힘들다. 170% 성장은 특수한 상황인데 사장은 이를 일반적인 상황으로 받아들인 것이다.

1년에 2.5명꼴이던 에베레스트 등정자 수가 연간 330명으로 늘어나기까지는 27년이라는 시간과 그에 비례하는 산악 인구의 증가, 산악 장비의 현대화 같은 인프라가 확보됐기에 가능했다. 이런 인프라가 없는 상태에서 베이스캠프만 4,700미터 올렸다고 생각해보자. 아마도 수많은 사상자가 발생했을 것이다. 30년 이상의 현장 경험을 갖고 있는 C 기업의 사장이 에베레스트 사례가 무엇을 의미하는지 모를 리 없다. 사업 진척 속도가 본인이 생각하는 만큼 따라오지 못해 답답한 나머지, 조직원에게 '할 수 있다'는 자신감을 심어주고 싶었던 것이 아닐까.

『생각의 오류』의 저자인 토머스 키다는 "자신의 믿음을 굳건히 하려는 성향은 우리의 인식 구조 안에 강하게 각인되어 있다"라고 했다. 자신의 믿음을 증명해줄 자료를 적극 활용하는 것이다. 마찬가지로 C 기업의 사장도 어찌 보면 자신의 생각을 정당화하기 위하여 에베레스트라는 자료를 무리하게 끄집어낸 것인지도 모른다.

조직에서 가장 중요한 것은 '성취감'이다. 작은 목표라도 조직으로부터 부여받은 미션을 달성한 경험이 있는 멤버는 '자신감'이 몸에 붙어 목표를 좀 더 높이 잡아도 무리 없이 소화해내는 반면, 목표를 달성해본 경험이 없는 멤버는 목표 미달 상황에서도 문제의 원인을 본인에게 두기보다는 '처음부터 불가능했다'면서 남 탓으로 돌리거나 자포자기한다.

원대한 목표도 자신감이 있어야 가능하며 자신감의 시작은 작은 성취감에서 나온다. 하지만 아직도 많은 기업들이 '캔두(Can Do)' 경영이 아닌 '머스트두(Must Do)' 경영을 고집하고 있다. 이런 현실에서 그나마 내부 구성원의 의욕을 꺾지 않고 목표에 이르게 하는 최선의 방법은 작은 성공 체험을 가급적 많이 만들어주는 것이다. 그러나 주변에 이런 궁리를 하고 있는 리더가 많지 않은 것 같아 안타깝다. 전쟁에 임하는 장수가 '병사들의 사기를 올리는 방법'을 가장 중요하게 여기듯 기업의 리더도 조직원의 의욕을 북돋아줄 수 있는 방법을 고심해야 한다.

수용성,
균형을
중시하는가?

'수용성'은 개방적 사고를 말한다.
항상 배운다는 생각으로 지식과 정보를 끊임없이 습득하기 위해 노력하는 자세다.

모든 일에는 음과 양이 있다

중요한 결정을 내릴 때 주의할 점

"인간은 기본적으로 자기 위주로 생각하고, 자기 위주로 판단하며, 자기 위주로 주변 환경을 설정하는 이기적 동물이다." 『이기적 유전자』로 유명한 리처드 도킨스의 말이다. 조직에 적용해보면 중요한 의사결정을 내릴 때 인간의 이런 기본적 성향을 이해하지 못하고 한쪽의 의견만 듣고 결정을 내린다면 커다란 낭패를 볼 수 있다는 의미로 이해될 수 있다.

'세계로 뻗어가는 일류 벤처'라는 제목으로 판교에 있는 한 IT기업의 해외 사업 활동상이 언론에 집중적으로 소개되었다. 방송만 본다면 '저 회사, 정말 멋있다. 우리 회사는 국내에서만 움직이는 조그만 구멍가게인데, 저런 회사에서 일하면 얼마나 행복할까?'라는 생각이

들 만큼 잘 포장된 보도였다.

평소 해외 비즈니스에 대한 동경심을 가지고 있던 후배가 뭔가에 홀린 듯 다니던 회사에 사표를 내고 방송에 소개된 그 회사로 이직했다. 그러나 회사를 옮기고 3개월도 채 안 되어 다시 회사를 그만두고 말았다.

"선배, 그 회사 야근이 너무 심해요. 전에 다니던 직장은 6시만 넘으면 자연스럽게 퇴근하는 분위기였는데, 여기는 밤 10시에도 퇴근하기 힘든 구조더라고요."

그 벤처기업은 야근이 많은 회사로 유명했다. 물론 방송에는 이 모습이 전혀 나오지 않았다. 해외 고객들의 요구에 신속하게 대응하기 위해 '24시 대응 시스템'을 만들었는데, 직원들의 야근을 암묵적으로 강요하게 된 것이다.

그런가 하면 얼마 전, 일본의 공룡기업 도시바가 공중 분해될지도 모른다는 기사가 경제면의 헤드라인을 장식했다. "무리한 투자가 부른 도시바의 몰락"이라는 제목의 기사였는데, 미국 원전에 대한 투자 실패가 결국 105년 역사를 가진 도시바의 몰락으로 이어졌다는 내용이었다. 좀 더 자세한 정보를 얻기 위해 검색해보니, 한 가지 흥미로운 사실을 발견할 수 있었다.

'도시바 몰락'의 원인을 분석하는 과정에서 일본 기자들과 미국 기자들 사이에 상당히 큰 시각차가 있었던 것이다. 도시바는 사업 확장을 위해 2006년 미국의 원전설계업체인 웨스팅하우스(WH)를 인수하면서 원전 사업에 뛰어든다. 그런데 WH가 10조 원 상당의 손실을 내면서 모기업인 도시바의 재무 건전성마저 위협받는 상황으로 몰리고, 급기야 도시바는 손실을 메꾸기 위해 가전 사업과 메모리 사업 등의 주력 기업들을 시장에 내놓는다. 물론 손실의 진원지였던 WH에 대해서도 파산 신청을 하고 법정 관리를 신청하기에 이른다.

여기까지는 사실이다. 그런데 원인을 분석할 때 일본과 미국의 기자들 사이에 확연한 인식 차가 보였다. 일본 기자들은 WH에서 일하는 미국의 경영진들이 일본의 경영진들을 속였다고 보도했고, 미국 기자들은 일본 경영진의 무사안일과 보신주의를 강도 높게 비난했다.

논쟁이나 분쟁에 대한 주관적 해석 사례는 도시바 같은 민간 기업뿐만 아니라 국가 간의 정치적 이슈에서도 다르지 않다. 2016년, 사드(THADD) 배치 문제와 관련한 흥미로운 토론회가 있었다. 우리나라의 아리랑TV에서 중국의 관영매체 CGTN과 공동으로 사드 배치와 관련해 위성 토론회를 개최한 것이다. 토론회에는 관료나 군사 전문가는 배제하고 순수하게 민간 학자로 구성된 전문가들이 나와 주장을 폈는데, 토론회의 사회를 맡은 한국과 중국의 아나운서, 기자도 자국이 주장하는 논리를 펼치며 상대방을 설득시키려 노력했다.

사회자는 어느 한쪽에 치우치지 않고 중간자적 관점에서 토론을 진행해야 한다는 불문율에도 불구하고 논쟁이 격해지다 보니 자국 학자들의 편을 들었다. 유명 학자들은 물론, 사실 보도를 생명으로 하는 기자와 아나운서조차 자국 위주의 해석과 해설을 펼쳤다.

모든 사물에는 음과 양이 있다. 그런데 사람들은 내가 가진 행복은 보지 않고 상대방이 가진 것만 탐낸다. 그만큼 인간은 사물을 주관적으로 본다. 그러나 균형 잡힌 판단을 위해서는 어느 한쪽에 치우치지 않으려는 의도적인 노력이 필요하다. 나에게 유리한 쪽으로 변명하고 해석하는 사례는 개인, 기업, 국가에서도 심심찮게 발생한다.

그러므로 한쪽에 치우치지 말고 가능하면 반대편의 의견도 경청하고 보려는 태도를 잊지 말아야 한다. 중요한 의사결정을 할 때 '절반은 거짓일 수도 있다'는 가정하에 의견을 수렴한다면 비교적 진실에 가까운 판단을 내릴 수 있을 것이다.

때로는 박쥐처럼 균형을 잡아라

상반된 상황에서 발휘하는 유연성

　나는 두 딸 사이에서 양쪽의 비위를 맞추기 위해 매일 고군분투하는 박쥐 아빠다. 한번은 고등학교에 다니는 큰아이와 중학교에 다니는 작은아이 사이에 논쟁이 붙었다. 사건의 발달은 자신이 좋아하는 연예인 때문이었는데 문제는 항상 "아빠는 어떻게 생각해?"라는 질문이 넘어온다는 데 있다.

　초보 아빠 시절에는 분위기에 따라 일방적으로 밀리는 아이 편을 들어주었지만, 지금은 절대 그렇게 하지 않는다. 한쪽 편을 들어준다는 것이 엄청난 재앙을 불러온다는 사실을 터득했기 때문이다. 그렇다고 그 자리에서 바로 "둘 다 맞아"라고도 하지 않는다. 줏대 없는 아빠로 몰리며 신뢰를 잃기 때문이다. 큰애가 잠깐 자리를 비운 틈을 타서 작은애에게 "네 말이 맞아!"라고 말하고, 작은애가 없을 때는

"당연히 언니 말이 맞지!"라고 해야 뒤탈이 없다. 그러니 박쥐 아빠가 될 수밖에 없다.

이런 박쥐 생활은 가족 모임에서도 마찬가지다. 특히 정치 얘기가 나올 때는 더더욱 그렇다. 처가에 갔던 날도 같은 일이 벌어졌다. 중립을 지키려는 나의 의지와는 상관없이, 장인어른은 항상 나를 전쟁터로 끌어들인다. 나는 주저 없이 장인어른 편을 든다. 처남에게 미안한 눈빛을 보내며 박쥐 사위는 가정의 평화를 위해 처절한 몸부림을 이어간다.

이런 처절한 몸부림은 회사에서도 마찬가지다. CEO로서 과감하고 독단적으로 결정을 해야 할 때가 있고, 구성원으로부터 수렴된 의견을 그대로 의사결정에 반영한 프로세스를 밟아야 할 때도 있다. 그야말로 박쥐 사장의 박쥐 리더십이 아닐 수 없다. 그런데 이런 박쥐 리더십이 기업 경영에 도움이 될 때가 많다.

위스콘신주립대의 켄트 피터슨 교수는 『리더십 패러독스』에서 "리더는 조직의 성공적인 변화 관리를 위해 '상반되는 사안에 대한 균형 잡힌 밸런싱'이 필요하다"며 몇 가지 사례를 제시했다. 전형적인 박쥐 리더의 행동 강령이다. "리더는 변화에 대한 강력한 추진력과 동시에 구성원의 적극적 참여를 유도해야 하며, 의사결정을 함에 있어서 신속한 결정을 해야 함과 동시에 다른 사람의 의견도 존중해야 한다."

언어유희 아닌가 하는 생각이 들 수도 있는데, 짐 콜린스가 『성공하는 기업의 8가지 습관』에서 제시한 'AND 경영'을 떠올리면 쉽게 이해할 수 있다. "지속적 성장 기업의 비밀은 OR이 아닌 AND에 있다."

그러면서 짐 콜린스는 '선택의 횡포(Tyranny of OR)'가 아닌 '동시 추구의 천재성(Genius of AND)'을 주장했다. "기업은 '이윤 추구를 초월한 목적 AND 실질적 이윤 추구 / 변함없는 핵심 이념 AND 변화와 개혁 / 명확한 비전과 방향 AND 운 좋게 잡은 기회 / 거칠고 무모해 보이는 목표 AND 점진적이고 진화적인 추진 과정 / 장기적 안목에서의 투자 AND 단기 실적에 대한 요구 / 철학적이며 미래 지향적인 AND 현실적인 일상 업무의 수행'을 동시에 추구해야 한다"고 말했는데, 평론가들은 이를 가리켜 '상충적 이중성의 미학'이라고 표현했다.

가정이든 조직이든 오래가기 위해서는 내부의 평화가 중요하다. 이를 위해서는 어느 한쪽에 서서 주장을 펴기보다는 상황과 환경에 맞추어 대응하는 유연성이 필요하다. 자칫 '회색분자'나 '기회주의자'로 몰릴 수 있는 박쥐 인간의 처세술이 성장 기업이 필요로 하는 리더십의 요체이기도 하다.

플랜 B를 버려라

배수의 진과 올인의 딜레마

조선 중기의 명장 신립 장군이 임진왜란이 발발한 1592년 일본군 제1진의 선봉대장인 고니시 유키나가의 군대를 앞에 두고 8,000명의 결사대로 항전하다 탄금대에서 장렬히 전사했다. 대문산을 중심으로 남한강 상류와 달천이 합류하는 지점에 있는데, 수려한 자연 경관과 역사적 의의 때문에 많은 사람들이 찾고 있다.

신립의 본관은 평산(平山), 시호는 충장(忠壯)으로 명종 1년인 1546년에 출생, 22세인 1567년(선조 즉위년)에 무과에 급제했다. 1583년 함경북도 온성부사로 재직하고 있을 때 북방 국경선을 넘어온 여진족 이탕개의 1만 군사를 격퇴한 공로로 함경북도 병마절도사에 임명되었다. 1592년 임진왜란이 일어나자 그의 무공을 높이 인정한 유성룡의 추천으로 삼도도순변사로 임명되어 북상하는 일본군을 저지하기 위해 충주로 내려가 방어선을 구축하였는데, 그 방어선이 바로 탄금강이다.

그러나 신립의 군대는 조총으로 무장한 고니시의 제1진에게 제대로 싸워보지도 못하고 대패하여 전원 몰살당하고, 신립은 적군 수십 명의 목을 벤 뒤 부하 김여물과 함께 탄금강에 투신 자결한다. 방어선 탄금강이 무너지자 선조는 곧바로 신의주로 피난을 가고, 전쟁이 끝난 뒤 조정은 그의 충절을 높이 기려 '충장'이라는 시호를 하사함과 동시에 영의정에 봉한다.

신립 장군에 대한 역사가들의 평가는 크게 두 갈래로 난다. 신립이 천혜의 자연 요새인 문경세재를 버리고 퇴로가 없는 탄금강을 택하는 바람에 군사가 몰살했다고 주장하는 비판론과 조총이라는 신무기로 무장한 2만의 군대 앞에서 그 누가 싸웠어도 결과는 같았을 것이라고 주장하는 동정론이다.

역사가들의 평가는 뒤로하고, 신립은 왜 문경새재를 버리고 탄금강을 택했을까? 이 부분에 대해서는 학자들의 견해가 일치하는데, 첫째는 신립이 워낙 기병전을 좋아했기 때문이라는 설이다. 북방 영토를 누비며 여진족과의 전투에 익숙한 신립에게 매복전을 펼치는 전투는 썩 맘에 들지 않았을 것이라는 추측이다.

둘째는 이미 기울어진 전세를 직감한 신립이 배수진을 치기 위해 탄금강을 택했다는 설이다. 전세가 기울었음을 느낀 신립이 퇴로가 없는 탄금강을 선택함으로써 살아서는 한양으로 돌아가지 않겠다는 결연한 의지를 보이고자 했다는 것이다. 마치 타고 온 배를 불태움으로써 전쟁에서 이기는 길 이외에는 살아서 돌아갈 수 없다는 의지를 보인 진나라 말기 항우 장군의 일화를 연상케 하는 전법이다.

한 대학에서 강의를 맡았을 때 알게 된 제자로, 지금까지도 관계를 이어오고 있는 매우 영리하고 예의 바른 청년이 있다. 대기업 재무팀에서 일하며 주말에는 GMAT(미국 MBA 입학자격시험)를 준비할 만큼 성실했다. 그런데 제자의 입에서 뜻밖의 말이 나왔다.

"저 회사 그만둘까 합니다."

"아니, 왜?"

"회사 다니면서 공부하려니 원하는 점수는 나오지 않고 제자리걸음이네요. 배수진을 칠 필요가 있겠다 싶어서 회사에 사표를 내고 공부에만 전념할까 해요."

무슨 말을 해야 하나 싶었다. 좋은 직장을 때려친다고 하는데 당연히 말려야 하는 게 아닌가 싶었지만, 오랫동안 준비해온 꿈을 실현하기 위해 출사표를 던지겠다고 말하는 그의 얼굴에서 결연한 의지가 보였기에 쉽사리 만류하기도 어려웠다. 그 순간 탄금강이 생각났다.

"신립 장군의 탄금대 전투라고 들어봤니?"

"네, 잘 알죠. 제 고향이 충주잖아요."

그래서 신립의 배수진 때문에 얼마나 많은 병사가 죽음을 맞이했는지를 예로 들면서 혹시나 있을지 모를 실패에 대비하여 확실히 입학이 결정되기 전까지는 휴직을 하는 것이 어떻겠느냐고 설득했다.

"신립 장군과 같은 실패 사례도 있지만, 반대로 이순신 장군의 명

량해전 같은 성공 사례도 있잖아요. 그리고 회사 분위기상 휴직은 불가능해요. 지금처럼 회사를 다니면서 공부하거나 회사를 그만두고 공부하거나 둘 중 하나인데, 배수진을 치고 공부하면 원하는 점수가 나오지 않을까 하는 생각이 들어서요. 교수님도 예전에 저한테 간절히 원하는 것이 있으면 주변 것들은 버리고 그것만 생각하라고 하셨잖아요."

이것저것 곁눈질 안 하고 목표에만 올인하는 것은 성공 확률을 높이는 가장 효과적인 방법임에 틀림없다. 회사 일도 마찬가지다. 주어진 미션을 수행함에 있어서 플랜 A가 실패할 경우를 대비한 플랜 B는 미션 성공 확률을 떨어트린다는 연구 결과가 있다.

와튼스쿨의 신지혜 교수는 플랜 B와 목표 달성에 대한 자신의 논문「How Backup Plans Can Harm Good Persuit」에 대해『HBR』인터뷰에서 다음과 같이 말했다.

"대안 만들기가 성과를 약화시킨다는 것이 우리가 세운 가설이다. 이 가설은 시간을 줄여준다거나 돈을 준다든지 하는 다른 보상을 제공한 후속 실험들에서도 사실임이 입증되었다. 우리는 목표를 이루는 데 있어서 운이 아닌 노력이 필요할 때 플랜 B가 목표를 향한 열망을 감소시켜 성과에 해를 끼칠 수 있다는 사실을 밝혀냈다. 플랜 A가 실패할 경우를 대비한 플랜 B를 생각한 사람들은 성공에 대한 열정과 동기부여가 부족했던 탓에 노력을 덜 기울였고, 대안을 고려하지 않은 사람들과 비교하여 좋지 않은 결과를 낳았다."

더 이상 퇴로가 없다고 생각할 때 무서운 에너지가 쏟아져나온다. 그러나 전제 조건이 하나 있다. 주변의 변화를 감지하고 필요한 환경에 맞추어 조직을 정비해두는 것이다. 하나의 목표에 집중하되, 시나리오를 수없이 그려보고 시뮬레이션을 해봐야 한다.

말길이 막힌 조직은 재앙을 부른다

리더의 눈을 가리는 사람들

사도세자의 아들로 유명한 정조 이야기를 다룰 때면 빠지지 않고 등장하는 인물이 바로 정조의 비서실장 홍국영이다. 홍국영은 정조의 아버지 사도세자를 죽음으로 몰고 간 노론 세력으로부터 어린 정조를 보호한 덕에 정조가 속마음을 털어놓고 지내던 유일한 사람이다. 정조를 보필해 개혁을 추진한 인물로, 뛰어난 지략가답게 정치판을 새롭게 짜기도 했다.

그러나 무소불위의 권력을 자랑하던 홍국영도 권세 7년 만에 정조에 의해 도성에서 추방되고 결국 유배지에서 삶을 마감한다. 정조는 자신의 은인이자 오랜 친구인 홍국영을 유배 보내기로 결정을 내렸다. '그게 뭐 어려운 일인가?'라고 생각한다면 큰 어려움 없이 세상을 살아온 사람일지 모른다. 크고 작은 어려움을 이겨내고 속내를 털어놓으며 함께한 사람을 감싸주면 감쌌지, 내친다는 것은 생각만큼 쉽지 않다.

　의료 장비를 만드는 기업에서 있었던 일이다. 사장은 10년 전, 후배 5명을 모아 피부 치료에 도움이 되는 의료 장비를 개발했다. 외국 장비가 시장을 독점하고 있던 시절, 국내에서 개발한 장비라는 사실과 가격 경쟁력에 힘입어 무서운 판매고를 달성했다. 때마침 불어닥친 홈쇼핑 열풍에 힘입어 제품은 없어서 못 팔 정도로 큰 인기를 얻었다. 그 회사에서 청춘을 보냈다는 한 직원은 그때를 회상하며 이렇게 말했다. "무조건 현찰을 가져와야 물건을 주었어요. 거짓말 하나 안 보태고 사과 상자에 현찰을 가지고 온 것을 보고 주문 발주를 했으니까요."

　덕분에 이 기업은 창립 10년 만에 증시에 상장을 하는 쾌거를 이뤄냈지만, 영원할 줄 알았던 기업 성장에 브레이크가 걸린 것도 이 시점이었다. 기업은 가파른 성장세에 힘입어 유능한 인재를 대거 영입했다. 이 과정에서 새로 들어온 사람들과 초창기 멤버들 사이에 크고 작은 마찰이 발생했다.

　하루는 회사가 사옥을 마련하면서 다른 도시로 이전하게 되었는데, 사장과 친한 기존 멤버들 중 일부가 회사 주변에 집을 얻는 데 필요한 전세 자금을 지원해달라고 요청했다. 그런 지원은 사규에도 없고 다른 직원들과의 형평성에 어긋나는 문제라고 판단한 부서장들은 그들에게 각자 알아서 비용 문제를 해결하고 앞으로는 상식에 어긋나는 행위는 하지 말라고 면박을 주었다.

그러자 초창기 멤버들은 강하게 반발하며 "사장님과 동거동락하며 회사를 키워온 창업 공신을 굴러온 돌들이 감히 함부로 대한다"면서 사장에게 달려갔다. 자신과 함께해온 후배들의 이야기를 들은 사장은 그 자리에서 5명에게 각각 1억 원씩 전세 자금을 지원해주라는 명령서를 만들어 재무 담당자에게 전달했다. 그리고 후배들의 의견을 묵살한 해당 부서장 전원을 해고했다.

또 다른 사례는 전 직원 300명이 넘는 중견기업의 이야기다. 회사를 키워낸 사장에게는 마음의 빚이 있었다. 가난한 어린 시절부터 자신을 돌봐준 누이가 세상을 떠나면서 말썽쟁이 아들을 부탁한 것이다. 가난한 시골 집안에서 태어나 누이의 보살핌을 받으며 자란 사장에게 누이의 부탁은 거스를 수 없는 하늘의 명령과 같았다. 그래서 사장은 누이의 아들인 조카를 회사에 출근시켰다.

그러나 고등학교도 졸업하지 못한 학력과 껄렁한 성격 때문에 회사 내의 누구도 사장의 조카를 자신의 부서로 받아들이려 하지 않았다. 그래서 사장은 조카를 자신의 비서로 채용했고, 불량 학생이었던 조카는 외삼촌의 비서이자 운전기사, 때로는 집안의 심부름꾼 역할을 하며 점점 사장의 그림자가 되었다.

사람들은 자연스럽게 사장 조카의 눈치를 살피고, 그의 눈 밖에 나는 행동은 가급적 피했다. 심지어 그에게 잘 보이기 위해 마음에도 없는 가식적인 행동을 하기 시작했다. 그와 가까이 지내는 사람들의 입을 통해 어느 지역에 어떤 비즈니스가 전개될 것이며, 어느 자리에 누가 발령될 것이라는 소문이 돌기 시작했다. 직원들은 처음에는 반신반의했지만 소문이 하나둘씩 현실이 되자 그가 가지고 있는 정보력과 영향력에 고개를 숙이기 시작했다. 급기야 임원들조차 그에게 고개를 숙이기 시작했고, 사장에게 말 좀 잘해달라는 부탁과 함께 선물을 건네기도 했다.

한창 잘나가던 사장 조카는 결국 술자리에서 상사를 폭행하는 만행을 저질렀고 조카의 행실을 알게 된 사장이 사태를 수습해보려 했지만, 이미 회사에 대한 신뢰를 접은 직원들의 마음을 돌리기에는 역부족이었다. 직원들은 하나둘씩 짐을 싸서 조직을 떠났다.

물론 회로애락을 함께한 동지는 각별한 존재이지만, 그 사람 때문에 조직의 언로(言路)가 막히고 의사결정과 정보가 그의 전유물이 되어버릴 경우에는 더 큰 재앙으로 이어진다. 리더는 항상 열린 눈으로 주변을 살피고, 안테나를 세워 가장 밑바닥에 있는 사람들의 목소리까지 경청하려는 자세를 가져야 한다. 리더가 먼저 다가가지 않는데 찾아와서 "이것이 문제입니다"라고 말해주는 직원은 없다는 사실을 명심하라.

왜 관리자가 되길 꺼릴까?

다양한 직무 경험의 힘

신학기가 되면 가장 먼저 학급을 이끌어갈 새로운 지도부를 아이들 스스로 결정한다. 경쟁률이 궁금해서 중학교에 다니는 딸아이에게 요즘 학생회 임원이나 반장 선거에 출마하는 아이들이 얼마나 되는지 물어보았다. 딸아이의 말에 의하면 5~7명 정도의 아이들이 후보로 나선다고 한다. 한 학급 정원이 35명 전후인 점을 감안하면 꽤 많은 수가 출마하는 것이다. 학생회 임원이나 반장을 한다고 해서 용돈이 나오거나 특별한 혜택이 주어지지 않고, 어찌 보면 귀찮을 수있는 봉사직에 아이들이 왜 이리 몰리는 것일까?

"학생기록부에 올라가잖아."

취업을 위한 스펙으로 동아리 리더를 한다는 말은 들어봤어도 학생기록부에 올리기 위해 반장이나 학생회 임원을 원한다는 말은 처음 들었다. 내가 너무 놀란 표정을 짓자 옆에 있던 아내는 마치 외계인 쳐다보듯이 나를 바라봤다. 모두가 아는 사실을 당신만 모르고 있다는 듯 한심하다는 눈빛이다.

요즘 아이들은 중학교만 들어가도 특목고에 가기 위해 필요한 것을 준비하고, 고등학교에 들어가면 대학 수시 전형을 위한 스펙 쌓기에 열중해야 한다. 딸아이의 이야기를 들으니, 모두가 한번쯤은 미래를 위한 투자로 학생회 간부를 희망한다고 한다.

반면, 10년째 회사에서 대기업 부장 타이틀을 달고 있는 선배가 있다. 본인은 일부러 승진하지 않는 거라고 힘주어 말하지만, 주변에서는 능력이 부족하니 승진을 못하고 있는 게 아니겠는가 의심한다. 우연히 그 조직에서 근무하는 지인에게 그 선배에 대해 듣게 되었다.

"그 선배 실력이 좋아서 조직 내부에서도 꽤나 인정받고 있어요."

그렇다면 그는 왜 승진을 하지 않는 것일까? 그 이유는 임원으로 진급해서 단명하느니 직원 신분으로 장수하는 게 낫고, 다른 사람 때문에 받을 수도 있는 스트레스가 싫었기 때문이다. 내 위에 방패막이가 있는 것과 없는 것의 차이는 크다. 저 나이 먹고도 직원인가 하는 주변의 불편한 시선만 의식하지 않는다면 그 자리가 천국이라고 생각한 것이다.

그래서일까? 많은 기업들이 관리자가 되기를 꺼리는 실력자들 때문에 골치를 앓고 있다고 한다. 물론 아직도 많은 기업들이 때가 되면 승진을 시켜주고 팀장이라는 타이틀을 달아주는 견장 문화를 고집하고 있다. 하지만 요즘 기업들이 나이가 차면 무조건 승진을 하고 관리자로 승격되는 인사에서 본인이 좋아하는 길만 걸어도 충분히 보상을 해주는 듀얼 코스를 설치해두다 보니, 조직관리에 따른 스트레스에서 해방되고 싶은 실력자들이 대거 전문가의 길을 선호하는 현상이 벌어지고 있다.

나는 견장을 원치 않는 실력자에게 견장을 탐하라고 말하고 싶다. 이유는 두 가지다.

첫째, 사물을 바라보는 관점에 있어서 큰 변화를 경험할 수 있다. 쉽게 말해서 큰 관점에서 사물을 보는 능력을 키울 수 있다. 한 분야를 잘 안다고 해서 모든 것을 아는 듯 행동해서는 안 된다. 조직은 부분과 부분이 톱니바퀴처럼 맞물려 돌아간다. 서로 간의 톱니가 맞지 않으면 원하는 결과를 낼 수 없지만, 내가 맡고 있는 분야도 결국 멈추고 만다. 그렇기 때문에 관리자가 되어 타 부서의 움직임도 관찰할 수 있는 기회를 가져야 한다.

둘째, 사람에 대한 이해가 더욱 깊어질 수 있다. 많은 인원을 다루어 보았을 때 비로소 사람의 다양성을 더 넓은 관점에서 바라볼 수 있다. 학습지 회사에서 10년째 방문판매 영업을 하고 있는 친척이 있다. 적당한 나이와 발군의 실력으로 20대 젊은 직원들의 리더 역할을 하면서 개인 실적도 좋아 조직에서 인정받고 있었는데, 30대 후반의 주부 사원 3~4명과 의견 충돌이 생겨 조직을 나오게 되었다. 그는 뒤늦게 "시니어 팀의 리더 제의가 왔을 때 경험해둘걸 그랬어"라며 후회했다. 기회가 왔을 때 동료가 아닌 매니저의 입장에서 사람에 대한 경험을 해두었더라면 그런 후회는 하지 않았을 수도 있다.

　조금이라도 조직에 공헌하고 싶은 마음이 있다면 하고 싶은 것만 해서는 안 되며, 다양한 직무 경험을 해두어야 한다. 특히 조직관리 임무를 맡은 관리자의 길은 매우 중요하다. 자신의 미래를 위해 반장 지위를 탐하는 학생들도 견장의 필요성을 알고 있는데, 하물며 직장인이 자신만의 방식을 고집한다는 것은 문제다. 회사를 위해서도 자신의 미래를 위해서도 견장은 피할 것이 아니다.

갈라파고스 증후군을 경계하라

자만심에 빠진 기업의 추락

남아메리카 에콰도르에서 서쪽으로 약 926킬로미터 떨어진 태평양 공해상에 갈라파고스제도가 있다. 화산 활동으로 만들어진 갈라파고스는 20여 개의 크고 작은 섬과 100여 개의 암초로 이루어져 있다. 이곳이 유명해진 이유는 찰스 다윈의 『종의 기원』 덕분이다. 탐사 여행을 하던 다윈은 이곳에서 여러 가지 동식물들을 조사하여 진화설의 기초를 다졌다. 남아메리카대륙이나 태평양의 다른 섬들로부터 멀리 떨어져 있어 동식물이 독특하게 진화했기 때문이다.

1959년, 에콰도르 정부는 갈라파고스제도를 국립공원으로 선포하고 찰스다윈연구소를 설립하는 등 진화론 연구에 박차를 가하기 시작했다. 그러나 섬이 유명해지고 관광객이 늘면서 이곳에 서식하는 동식물의 개체수가 급격히 줄어들기 시작했다. 이유는 관광객과 함께 외부에서 들어온 다른 종들 때문이었다. 고립된 지역에서 번식한 갈라파고스 종들의 약한 면역 체세가 원인으로, 이후 경제학자들은 자기만의 세계에 살다가 외부 세력에 의해 멸망당하는 현상을 가리켜 '갈라파고스 증후군'이라고 부르기 시작했다.

2000년대 초, 기술 기반의 벤처기업들이 성공 신화를 써내려가던 시기에 '휴대용 노래방 시스템'으로 코스닥 시장에서 돌풍을 일으킨 기업이 있다. 1991년 창업 이래 10년을 하루같이 R&D에 주력한 덕분에 2000년대에 들어서면서부터 주목받기 시작하더니 2002년에는 대한민국 벤처기업 대상과 대통령 표창을, 이듬해인 2003년에는 그 해 가장 높은 공모주를 기록하며 코스닥에 이름을 올렸다.

휴대용 노래방 시스템이 세계 일류 기술로 지정되면서 국내는 물론 해외에서도 주문이 쇄도했다. 그런데 2008년부터 성장세가 꺾이더니 급기야 대표이사이자 대주주가 회사를 떠났다. 그리고 유명한 개그맨이 작전 세력을 등에 업고 회사를 인수하더니 2013년 결국 상장 폐지에 이르렀다.

그 기업이 몰락한 이유는 '자만' 때문이었다. 돈이 모이면서부터 R&D가 아닌 건물과 땅을 사는 데 썼기 때문이다. 그 회사의 생명은 기술력인 만큼 R&D 투자를 멈춰서는 안 되는데도 후발 주자가 쫓아오려면 5년은 있어야 한다며 경매로 나온 쇼핑센터를 매입하는 데 수백 억을 지불하는 등 토지와 건물에 과감히 투자했다. 그리고 2년 뒤 회사 매출은 처음으로 하향세를 그렸고, 급기야 후발 주자에게 시장의 대부분을 넘겨주고 말았다.

비슷한 시기에 일본 전자산업의 자존심인 샤프가 중국 폭스콘의
계열사인 홍하이에 매각되는 일이 일어났다. 이를 두고『요미우리신
문』은 샤프가 어쩌다 이 지경까지 이르게 되었는지를 소상하게 설명
하는 특집 기사를 5회에 걸쳐 연재했다.

2000년 후반, 샤프는 뛰어난 기술력을 과신한 나머지 세계 시장의
흐름을 무시했다. 샤프는 자신들만의 방식을 고집하며 액정에서 시
작해 텔레비전이나 스마트폰과 같은 최종 제품을 생산하는 '수직 통
합' 모델을 완성했는데, 이런 경영 전략은 2000년대 초반엔 큰 성과
를 거두었으나 후반으로 접어들면서 시장 변화와 함께 샤프의 발목
을 잡는 괴물이 되었다. 세계 제조업의 흐름이 각지에서 값싼 부품을
사들여 범용 상품을 생산하는 '수평 통합' 모델로 진화한 것이다. 게
다가 한국과 중국 업체들의 약진이 시작되면서 2006년 약 15만 엔이
었던 액정 텔레비전 한 대의 평균값은 2012년 8월 약 5만 엔으로 떨
어졌다.

그러나 샤프는 과거의 성공에 취해 '만들면 팔릴 것'이라는 생각
으로 약 5조 원을 투자해 고급 모델만 전문적으로 생산하는 대형 공
장을 오사카에 세웠다. 하지만 세계 액정 시장의 변화와 리먼 사태로
인해 샤프의 실적은 급전 직하하고 말았다. 이에 대해 신문은 "좋은
제품을 만들면 무조건 팔린다는 기술 신앙에 빠져 시장의 흐름을 외
면한 결과"라고 논평했다.

이들의 몰락은 자만이 결국 파멸을 부른다는 경각심을 일깨운다. 나만의 세계에 갇혀 있다 보면 결국 외부 세계에 대치할 수 있는 면역력이 점점 떨어져 외부 세력과 경쟁해야 하는 상황이 되었을 때 힘을 쓰지 못하고 결국 파국을 맞게 된다. 이는 전형적인 갈라파고스 증후군으로 기업 성장에 치명적인 독이다. 지속 가능한 성장을 모색하기 위해서는 변화에 적응하고 고립을 경계해야 한다.

인사고과 뒤에 면담을 실시하라

피드백 프로세스의 놀라운 효과

"지난주에 직원 평가 결과가 나왔거든요. 그런데 만나는 사람마다 왜 평가 결과가 이렇게 나왔느냐고 합니다. 우리 회사는 실력보다 줄을 잘 서야 한다, HR이 나서서 제대로 해야 한다는 등 불만이 이만저만이 아닙니다. 어떻게 대처하면 좋을지 상담을 좀 하고 싶습니다."

해가 바뀔 때마다 우리 회사 직원들이 가장 많이 듣는 말이다. 연초에는 단연 '평가보상'이 가장 뜨거운 주제다.

평가보상 프로세스는 대개 다음과 같다. 우선 얼마를 받을 것인지 결정되고(등급) → 그 등급에 상응하는 역할을 부여받고(직책 또는 직급) → 정해진 기간 동안 역할을 얼마나 수행했는지 체크하고(평가) → 결과에 상응하는 보상을 받는다. 이 중 가장 중요한 프로세스는 역시 '평가'다. 'Plan-Do-See'라는 용어로 대체되는 평가 프로세스가 끝나면 보상이 결정되는데, 보상 비중은 상대적으로 높지 않다. 보상은 선행 변수인 P와 S의 결과에 따라 자동으로 결정되는 결과 변수로 여기기 때문이다.

여기까지는 인사를 하는 사람이면 누구나 알고 있는 매우 기초적인 프로세스다. 그러나 평가와 보상의 중간에 반드시 거쳐야 하는 '피드백' 단계를 무시하는 사람들도 있다. 평가와 관련해 접수되는 상담 사례의 대부분이 이러한 피드백 단계를 거치지 않아서 발생한다. 다음은 현장에서 사용하는 평가 도구에는 어떤 종류가 있으며, 무엇을 선호하고 꺼리는지를 알아보기 위해 2016년에 507명을 대상으로 우리 회사에서 실시한 '평가 실태 조사' 결과다.

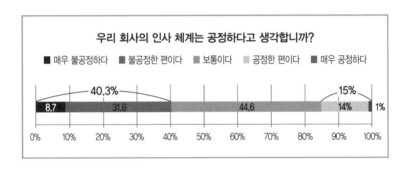

도표에서 보듯이 직장인들의 절반에 가까운 40.3%가 자사의 인사 체제를 불신하고 있는 것으로 나타났다. 반대로 신뢰하는 비율은 15%였다. 인사 제도의 흐름이나 내용에 대한 이해가 부족하기보다 결과에 대한 커뮤니케이션이 부족하기 때문이다.

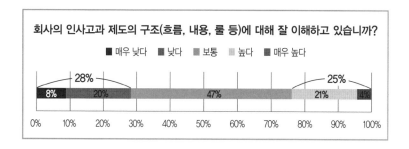

회사의 인사고과 제도의 구조(흐름, 내용, 룰 등)에 대해 잘 이해하고 있습니까?

■ 매우 낮다 ■ 낮다 ■ 보통 ■ 높다 ■ 매우 높다

28%: 8% 20% 47% 25%: 21% 4%

인사고과의 구조를 물어보는 질문에 대한 긍정과 부정의 양쪽 비율에 별 차이가 없음에도 불구하고 상사로부터의 피드백을 물어보는 질문에는 긍정과 부정의 비율이 3배 가까운 차이를 보인다. 아래 도표를 보면 '상사로부터 인사고과에 대한 설명을 듣고 있느냐?'는 질문에 피드백을 받지 못하고 있다(48%)가 받고 있다(13%)보다 무려 3배나 높게 나왔다.

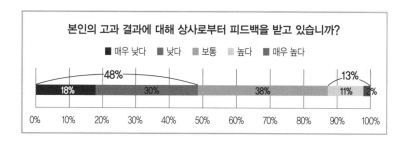

본인의 고과 결과에 대해 상사로부터 피드백을 받고 있습니까?

■ 매우 낮다 ■ 낮다 ■ 보통 ■ 높다 ■ 매우 높다

48%: 18% 30% 38% 13%: 11% 2%

평가가 끝나고 보상에 이르는 단계에서 평가 결과를 얼마나 신뢰하게 만드느냐의 문제는 평가 제도 자체보다 평가가 끝난 뒤 상사와 함께하는 면담에 있다는 사실을 반증한다. 평가가 끝난 후의 평가 면담이 차지하는 비중은 이후로 이어지는 급여 책정이나 등급 책정에

가장 큰 변수로 작용한다. 이렇듯 상당한 영향력을 차지하는 '평가 면담 또는 피드백'이 현장에서는 소홀히 여겨지는 것 같아 안타깝다.

남보다 앞서가는 기업은 신제품을 론칭하기 전에 반드시 고객 체험 프로세스를 실시한다. 표본 집단이 직접 써보고 얻은 피드백을 근거로 제품의 성능 개선은 물론 가격 책정 기준을 조정한다. 이는 신제품에만 국한되지 않는다. 기존 제품에 대한 사용 후기를 적극적으로 활용함으로써 제품의 장단점을 분석하는 마케팅 자료로 사용하기도 한다.

마찬가지로 조직관리 영역에서 다루는 고과 결과에 대한 '피드백 프로세스'는 마케팅에서 당연시 여기는 '고객 의견 반영'과 마찬가지다. 직원들이 1년간 수행한 업무 결과를 들어주고, 상사로서 어떻게 생각하는지, 무엇을 기대하는지에 대한 소감을 전달하는 과정에서 상호 불신의 장벽을 허물 수 있다. 또한 더 나은 육성을 위한 토대로 삼을 수도 있다. 성장하는 기업과 정체된 기업의 작지만 큰 차이가 바로 여기에 있다.

낮은 이직률은 조직의 자랑일까?

기업을 건강하게 하는 순환 구조

　'인사'라는 키워드를 활용해 경쟁력 있는 조직을 만들기 위한 방법과 노하우를 발견하고, 그렇게 발견한 무기를 조직에 장착시키는 것이 나의 주요 임무 가운데 하나다. '현장에 답이 있다'는 말처럼 조직에 생명력을 불어넣을 수 있는 '필살기'를 발견하고, 생동감 있는 조직을 구축하기 위해 현장의 의견을 청취하고 현장에서 답을 찾으려 노력하고 있다.

　빈번하지는 않지만 의기양양한 표정으로 "우리 조직은 턴오버(이직률)가 거의 제로에 가까워요"라고 말하는 경영자나 현장 관리자들을 만날 때가 있다. "자랑하실 일이 아닌 것 같은데요"라고 말해주고 싶은 마음은 굴뚝같지만 드러낼 수는 없는 터라 애매한 웃음으로 대답을 대신하곤 한다. 수년, 심지어 수십 년 동안 들고 난 직원이 거의 없다는 사실이 믿기지 않을뿐더러 이에 대해 자부심을 갖고 있다는 것도 놀라울 따름이다.

설립된 지 20여 년, 종업원 수는 120명 정도 되는 조그마한 중소기업의 이야기다. 설립자인 사장의 후배로서 함께 동고동락하며 회사를 성장시키는 데 일조한 직원이 있다. 오래전부터 알고 지내온 사장은 나에게 그를 소개하면서 이렇게 말했다.

"다섯 명의 직원으로 출발한 회사가 지금의 모습을 갖추는 데까지 10년이 걸렸습니다. 이후의 10년은 제자리걸음인 것 같습니다. 이유가 무엇인지 궁금합니다. 내부 문제는 나보다 관리이사인 이 친구가 더 잘 알고 있으니 긴밀히 상의해주시기 바랍니다. 정말 성실하고 믿을 수 있는 후배입니다."

그래서 나는 관리이사에게 지난 10년간의 평균 이직률과 부서별 업무 특징, 사내 분위기가 어떤지 물어보았다.

"이직률이 거의 제로에 가깝습니다. 10년, 20년 전에 신입으로 들어와서 지금에 이른 직원들이 대부분입니다. 한번 들어오면 퇴사하는 법이 거의 없습니다. 굉장히 안정된 고용 구조를 가지고 있다고 할 수 있지요. 저희 회사의 큰 자랑이기도 합니다."

순간 말문이 막혔다. 어떻게 관리이사라는 사람이 이런 생각을 가지고 있을까. 나중에 안 사실이지만, 그 또한 외부 경험이 전혀 없다 보니 지금의 조직에서 보고 듣고 경험한 것이 경력의 전부였다. 조직 관리에 대한 지식이 거의 없다 보니 신입 직원들이 다른 조직에 대한 동경 없이 오랫동안 일하는 것에 자부심을 갖고 있는 듯했다.

이런 경우는 의외로 굉장히 많다. 심지어 이렇게 말하는 경영자도 있었다.

"우리는 신입사원 아니면 채용하지 않습니다. 경력사원은 채용 후 바로 전력화할 수 있다는 장점은 있지만, 외부의 좋지 않은 문화를 내부에 전파시킬 위험이 크기 때문에 가급적 경력직 채용은 자제하고 있습니다. 신입들로 채워진 순수 혈통이 저희의 자랑입니다."

현장을 돌아다니다 보면 '순수 혈통'을 강조하는 경영자들을 의외로 많이 만나는데, 특히 규모가 작을수록 더 그렇다. 물론 신입으로 들어와 회사의 최고 자리에 이르는 경영자나 관리자가 많고, 이런 조직 풍토는 칭찬받아야 마땅하다. 하지만 지나친 순혈주의가 경력직원을 위축시키거나 내부와 외부의 순환의 흐름을 차단하도록 내버려둬서는 안 된다.

조직문화를 주제로 한 세미나에서 만난 인사 담당자들에게 '바람직한 이직률'을 주제로 질문을 던져보았다. 어느 임원은 이렇게 대답했다.

"아무리 잘 관리하는 저수지라도 담아만 두면 썩은 냄새가 진동합니다. 새로운 물이 들어오고 고여 있던 물은 방출해야 수질 관리가 되는 거죠. 기업의 인사도 마찬가지입니다. 일정 부분 순환을 시켜야 우리가 잘하는 것이 무엇이고 못하는 것은 무엇인지 객관적으로 판단할 수 있고, 그래야만 조직 개선이라는 프로세스가 가동됩니다. 개선할 필요성을 못 느낀다는 것은 죽었다는 의미입니다. 인사의 사망 선고나 마찬가지라고 생각합니다."

우리 회사도 일정 부분 외부 경력을 가진 직원들을 신입으로 받아들이는 제도를 채택하고 있는데 효과가 매우 좋다. 기존에 자신이 근무했던 직장의 분위기와 견주어 우리의 좋은 점과 나쁜 점을 비교할 수 있기 때문이다. 이들은 다른 조직을 경험해보지 않은 직원에게 문화 통신사 역할을 하고, 내부적으로는 조직문화 개선을 위한 자극제 역할을 한다. 그러니 이직률 제로가 어떻게 자랑이 될 수 있겠는가.

본전이 아깝다고 무리하면 안 된다

적절한 순간의 사업 궤도 수정

"투전판에는 여러 부류의 인간들이 있지."

"어떤 놈이 가장 먹기 쉬운 먹잇감입니까?"

"우선은 절반 정도 돈을 잃은 놈을 찾아서 그놈 돈을 먼저 따서 출발하는 거야! 어느 정도 돈을 잃은 놈은 본전 생각에 절대 판을 빠져나갈 수가 없을뿐더러 본전을 되찾겠다는 생각에 판단력이 흐려져서 더 허둥대게 마련이니까." - 영화 「타짜」 중에서

로버트 치알디니 교수가 「인간의 손실 회피를 위한 마지노선은 어디까지인가?」라는 연구 보고서에서 밝힌 바에 의하면, 주식이나 부동산에 투자한 사람들이 더 이상의 손실을 회피하기 위해 투자한 원금을 회수하는 심리적 마지노선은 투자한 금액의 50%다. 그 이상을

넘어가면 끝까지 가겠다는 심리가 강하게 작용한다고 한다. 치알디니 교수는 이를 가리켜 '지금까지 쓴 돈이 아까워서 오기가 발동한 것'이라고 설명했다.

직원 수가 700명 정도 되는 제조 기반의 탄탄한 기술력을 가진 기업을 방문했을 때의 일이다. 갑자기 예고 없이 들렀음에도 교육팀장이 반갑게 맞이해주었다. 10년 전 처음 만났을 때만 해도 과장이었는데 어느새 부장을 거쳐 팀장이 되어 있었다. 그는 안부 인사가 끝나기 무섭게 "10년 전에 착공한 연수원 공사가 드디어 마무리되어 가고 있어요. 그 일로 요즘 정신없네요"라고 말했다.

이 회사에 처음 방문했을 때 직원 수는 1,500여 명 정도였다. 회장은 드디어 꿈을 이룰 준비가 되었다며 직원 교육을 위한 연수원 건립을 추진했다. 기업이 자사의 연수원을 만드는 타이밍에 대한 답은 없다. 다만 직원 수가 1,300명이 넘어가면 필요한 시점에 이르고, 기업들도 이 정도 규모일 때 건립을 추진하는 경우가 많다. 그래서 연수원 건립에 대한 회장의 말을 들었을 때 적당한 시기라고 생각했다.

그런데 문제는 항상 좋지 않은 상황에서 발생한다. 첫 삽을 뜨고 총 예상 비용의 50% 정도가 투자되었을 무렵, 예기치 않은 사건이 발생했다. 2009년 리먼 사태가 터지면서 해외 수출에 의존하던 이 회사에 심각한 경영 악화가 찾아온 것이다. 한창 건물을 올리던 연수원 건립을 멈춘 것은 물론 인력 감축도 실시해야 했다.

그리고 5년이라는 시간이 흘렀다. 회사가 정상화되면서 재무 상태도 제자리로 돌아왔다. 하지만 그 과정에서 큰 변화가 생겼다. 국내 기반의 생산 설비를 대부분 베트남으로 이전한 것이다. 그러다 보니 자연스레 축소된 인원에 대한 보충 계획이 사라져버렸다. 그럼에도 불구하고 회장은 중단된 연수원 건립 계획을 예정대로 추진하라는 지시를 내렸다.

그러나 아무리 고민해도 계산이 나오지 않았다. 연수원이 적자를 보지 않기 위해 운용해야 할 연간 교육 인원은 대략 1,500명. 처음 건립을 추진했던 당시의 직원 수에 맞춰 규모를 설계한 것이다. 그러나 지금은 상황이 변하여 직원 수가 10년 전의 절반 정도밖에 되지 않는다. 더 이상 직원 수가 늘어날 가능성도 없다. 오히려 회사가 발표한 향후 10년 계획에 따르면 국내 종업원 수는 더 축소될 것이다.

담당자 말에 의하면 상부에서는 "지금까지 들어간 돈이 아까워서라도 준공을 완료하고 다른 기업의 교육을 유치하여 수지를 맞추라"고 했단다. '본전이 아까워 이런 현실성 없는 공사를 계속 추진했단 말인가'라는 생각이 스치고 지나갔다.

인천에 있는 아시아주경기장도 마찬가지다. 당시 아시안게임을 위해 지은 주경기장의 설립 비용은 총 4,700억 원. 경기가 끝난 지금 1년간 소요되는 시설 운영비는 30억 원이라고 한다. 건립 초기에 '낭비'라는 여론을 잠재우기 위하여 인천시가 내세운 명분은 "이미 새로운 경기장의 착공이 시작되었기 때문에 기존 시설의 활용은 불가하다. 대신 이곳을 테마 관광 단지로 조성하여 운영비를 마련토록 하겠다"는 것이었다. 하지만 그 어디에도 테마 관광을 위한 흔적은 없다.

그래도 전남 영암에 있는 영암 국제자동차경주장에 비하면 양반이다. 2006년부터 무려 4,000억 원을 투입해 지은 포뮬러원(F1)은 대회가 시작된 2010년부터 2013년까지 4년 동안 1,900억 원의 누적 적자를 기록했다. 여기에 2014년 이후 중단된 경기로 인한 위약금 문제도 아직 남아 있다. 결국 지역 정치인들은 법을 바꿔서 이곳을 경마나 경륜처럼 돈을 걸고 내기를 할 수 있는 '도박 경주장'으로 바꾸려 했다가 여론의 반대에 밀려 현재는 지역 축제 장소로만 활용하고 있다. 이곳 역시 2006년에 F1이 유치되고 경기장을 건립할 단계에 이르자 타당성 문제가 불거졌었다. 검증 단계에서 사업 타당성이 전혀 없는 것으로 판명됐지만, 이때 단체장이 명분으로 내건 슬로건은 다음과 같다. "이미 상당 부분 공정이 진척되었으니 지금 중지하면 오히려 손해입니다."

일을 하다 보면 변수는 얼마든지 생길 수 있다. 문제는 적절한 타이밍에 적절하게 궤도 수정이 가능하게끔 사고의 폭을 넓히는 것이다. 본전이 아까워 무리하게 계획을 추진하면 결과적으로 더 큰 손해를 불러올 뿐이다.

퇴근 후 회식은 업무의 연장인가?

관리자와 비관리자의 시선 차이

"우리 회사는 매년 5월 1일이면 운동장을 빌려서 전 사원 체육대회를 여는데, 올해는 근무 일수가 부족해서 토요일에 하라고 지시했어요. 그런데 담당자가 하는 말이, 그러면 직원들 반발이 커서 역효과가 날 우려가 있으니 하루 당겨서 금요일에 하는 게 어떠느냐고 하는데, 내 상식으로는 주중에 체육대회나 야유회를 하는 것이 납득이 가지 않아서요. 내 생각이 너무 올드 한 거요?"

한 중견기업 회장님의 질문이다. 전 직원이 야유회를 간다거나 체육대회를 하는 아웃도어 행사는 한국 기업만의 독특한 이벤트다. 전국 단위의 대기업이 아닌 이상 규모와 상관없이 아직도 많은 기업들이 '전사 화합'을 명분으로 적어도 1년에 한 번 정도는 체육대회를 여는 경우가 많다. 문제는 아직도 많은 기업들이 이런 행사를 주말이나 휴일을 이용해 치른다는 점이다.

내가 아는 어떤 회사는 매주 월요일 아침 8시면 전 직원이 강당에 모여 전문 강사의 특강을 듣는다. 한 시간 정도 강의를 들은 뒤 9시부터 각자 자리로 돌아가 업무를 시작한다. 처음에는 선택이었지만 나중에는 필수가 되었다. 사장의 생각을 직접 들어본 적은 없지만 우연히 그분의 인터뷰 기사를 읽었는데 월요 특강을 매우 자랑스럽게 생각하는 듯했다.

"우리 회사는 직원들의 역량 강화를 위해 매주 한 시간씩 특강을 듣는 자기계발 프로그램을 실시하고 있습니다. 직원들의 반응이 아주 뜨겁습니다."

하지만 그 회사 담당자가 내게 들려준 이야기는 정반대였다.

"평소보다 한 시간이나 더 일찍 나와야 하는데 누가 좋아하겠어요? 순전히 사장님 만족이지."

이런 경우는 누가 문제일까? 그렇지 않아도 월요병에 짜증이 나는데 한 시간이나 더 일찍 출근하는 스트레스를 주는 사장이 문제일까, 직원들의 역량 계발을 위해 불철주야 노력하고 있는 사장의 마음을 몰라주는 직원들이 문제일까.

또 한번은 '브랜드 마케팅'을 주제로 한 세미나에 갔다가 우연히 직원들의 속내를 들을 수 있었다. 저녁 6시부터 시작된 강연회. 시작과 동시에 살펴본 세미나장의 모습은 매우 인상적이었다. 30명 정도를 수용할 수 있는 작은 공간은 젊은 사람들로 거의 채워져 있었다. 열정적인 강의가 끝나고 잠깐의 휴식 시간, 옆자리에 앉아 있던 서른 살 전후의 두 젊은 여성이 대화를 주고받았다.

"퇴근 후에도 이렇게 붙잡아두고 싶을까? 우리 회사는 정말 이해가 안 돼."

"맞아. 강제로 시킬 거면 업무 시간에 하거나 자율에 맡겨야지, 사장님은 자기가 좋으면 직원들도 다 좋아할 거라고 생각하나 봐."

알고 보니 참석자의 대부분이 그 회사 직원들이었다. 외부인을 대상으로 계획한 세미나였는데 모객이 되지 않자 내부 직원들을 동원한 모양이다.

나 역시 우리 회사에서 '저자 강연회'라는 이름으로 세미나를 개최하고 있다. 10년 동안 꾸준히 하고 있는 지역사회 봉사 활동의 하나다. 그런데 우리 직원들은 거의 참석을 하지 않는다. 일부러 멀리서도 오는데 우리 직원들은 왜 이렇게 무심할까 싶지만 업무와는 무관한 행사라고 생각해 강요하지 않는다. 그런데 두 여성의 대화를 들으니 강요하지 않기를 정말 잘했다는 생각이 들었다.

그렇다면 마음에 맞는 사람들끼리 어울리는 회식은 제외하고, 회사가 명령한다거나 부서장이 지정한 퇴근 후 회식 자리는 어떻게 생각할까? 아래는 어느 기업체의 직원 142명(관리자 32명, 비관리자 110명)을 대상으로 "퇴근 후 부서 회식은 업무의 연장인가?"라는 질문을 던져 조사한 결과다.

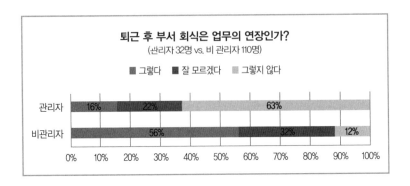

퇴근 후 부서 회식은 업무의 연장인가?
(관리자 32명 vs. 비 관리자 110명)

■ 그렇다   ■ 잘 모르겠다   ■ 그렇지 않다

관리자	16% 22%	63%
비관리자	56%	32% 12%

0% 10% 20% 30% 40% 50% 60% 70% 80% 90% 100%

  퇴근 후 회식이 업무의 연장인가 아닌가라는 질문에 관리자 중 63%는 '그렇지 않다'고 답한 반면, 비관리자의 56%는 '그렇다'라고 답했다. 관리자나 경영자는 이 결과를 보면 말도 안 된다고 생각할 것이다. 실제로 중소기업 CEO를 대상으로 같은 질문을 던진 결과, 업무의 연장이라고 답한 사람은 99명 중 단 3명에 불과했다.

  우스갯소리지만 사장과 직원의 관계는 영원히 만나지 않는 기차의 철로와 같다. 아주 사소한 일에 있어서도 사장과 직원, 관리자와 비관리자의 입장은 서로 다를 수 있다. 생각이 다르다고 비난하기보다 서로의 입장을 이해하고 배려하는 것이 필요하다.

스스로 생각하는 조직을 만들라

리더의 지나친 개입이 부르는 부작용

얼마 전, 다음과 같은 메일 하나를 받았다.

"안녕하세요, 대표님. 3년 전 상공회의소 HR포럼에서 뵙고 인사를 나눈 후, 그 후로 쭉 대표님의 글을 접하고 있습니다. 지금까지 보내 주신 거의 모든 글들이 공감을 하게 만드는 내용들이지만, 회의 문화를 주제로 한 칼럼은 특히 더 공감했습니다.

이곳에 온 지 5년째입니다만, 아직도 적응되지 않는 부분이 있습니다. 바로 회장님이 주재하는 회의 시간입니다. 직원 수가 300여 명에 이르는 작지 않은 조직임에도 불구하고 저희 회장님은 거의 모든 회의를 직접 주재하십니다.

좋은 말로 표현하면 열정이 넘친다고 할 수 있겠지만, 제 눈에는 직원들의 능력을 믿지 못해서 본인이 일일이 개입하지 않으면 안 된다고 생각하시는 것 같습니다. 문제는 거의 모든 회의가 회장님의 일방적인 지시로 이루어지다 보니 식원들이 점점 생각을 하지 않게 된다는 점에 있습니다."

리더의 업무 개입은 어디까지 이뤄져야 할까? 한 IT 기업의 워크숍에서 있었던 일이다. 경영진 워크숍을 통해 도출된 사업부별 KPI의 액션플랜을 중간관리자 워크숍에서 논의하기로 했다. 사업부별로 3~4명의 팀장들이 그룹을 이루어 해당 사업부의 본부장과 함께 팀별 상황에 맞춰 해당년도 목표 달성을 위한 계획을 도출하는 자리였다.

보통 이런 연수 자리에 CEO가 참석하는 경우는 많지 않다. 대개 경영진 워크숍이나 사업 본부장들을 대상으로 하는 고급관리자 워크숍에 참석해 조직의 나아갈 방향을 제시하는 경우가 대부분이다. 그런데 이 기업의 CEO는 두 워크숍 모두에 참석했다.

CEO의 의욕에 감탄하면서도 한 가지 걱정이 들었다. 고급관리자 워크숍 때처럼, 대부분의 KPI가 사장의 머릿속에서 나오거나 사업부별 실행 전략 또한 사장의 의견으로 채워질까 싶었던 것이다. 이런 걱정은 곧 현실이 되었고, 20명이 넘는 중간관리자들 또한 본부장들이 그랬듯이 입을 닫은 채 사장의 눈치만 보기 시작했다. 처음 이 조직을 접했을 때는 카리스마 넘치는 CEO의 리더십과 일사분란한 모습이 멋있어 보였다. 그런데 오히려 CEO의 지나친 개입이 직원들의 생각을 멈추게 만들고 있었다. 일사분란한 게 아니라 생각하지 않고 움직이는 로봇 조직이었다.

결국 오전 워크숍은 최악의 시나리오로 전개되고 말았다. 자리를 옮겨 다니며 팀별 액션플랜을 직접 지시하는 사장의 지나친 친절(?) 덕분에 팀장들은 수월하게 일을 끝냈다. 이렇게 하다가는 페이퍼 작업을 위한 의미 없는 워크숍으로 끝날 것 같아 조용히 사장에게 다가가 말했다.

"사장님, 지금 이 회사의 모든 것은 사장님께서 만든 것이니 성공의 포인트가 무엇이고 실패의 씨앗이 무엇인지 잘 알고 계시리라 생각합니다. 그런 이유 때문에 간부들도 사장님의 지시나 명령을 기다리고 있는 것 같습니다. 하지만 직원들의 아이디어가 현실에서 운용되도록 상황을 만들어주시는 것이 필요합니다. 모든 걸 사장님이 지시하고 알려주시면 이 회사는 무뇌 조직이 되고 말 것입니다."

무뇌 조직이라는 말에 충격을 받았는지 사장은 "결과가 형편없어도 좋으니 가급적 현장의 의견이 반영된 액션플랜이 나올 수 있도록 노력해달라"는 말을 남기고 자리를 떠났다.

마음이 편치 않았지만 지금 상황에 최대한 집중하기로 마음먹고 다음 단계로 들어갔다. 스스로 전략을 수립하는 일에 익숙하지 않은 탓인지 팀별 액션플랜은 기대치에 미치지 못했다. 세련되지 못한 KPI가 눈에 많이 보였지만 내용을 다듬어서 사장에게 보고를 겸한 면담을 갖게 되었다. 사장은 내가 제출한 보고서를 옆으로 슬쩍 밀어놓고는 이렇게 말했다.

"무뇌 조직이라는 말에 둔기로 머리를 맞은 느낌이었습니다. 최근의 실적 저하가 어디에서 비롯되었는지 조금은 알겠습니다. 내가 직원들 탓만 한 것 같군요. 무엇보다 스스로 생각하고 움직이는 살아 있는 조직으로 만들어주십시오."

그리고 그날 이후 그 회사의 분위기는 많이 바뀌었다. 물론 실적도 조금씩 호전되어갔다.

카리스마라는 이름으로 포장된 일방통행의 리더들이 조직을 생각하지 않는 조직으로 만든다. 일방통행의 리더는 모든 것을 본인이 직접하려고 한다. 그 결과는 자명하다. 현명한 리더는 한발 뒤로 물러나 스스로 생각하고 실행하는 주체적 조직으로 만든다.

보고서와 현장을 비교 분석하라

조직 내부의 문제점 파악

우리 동네에 있는 한 전자 제품 매장은 불친절하기로 유명하다. 전 직원이 서너 명에 불과한 작은 매장인데도 손님이 오거나 말거나 각자 자기 일을 하기에 바쁘다. 그렇다고 그 회사에 문제가 있는 것도 아니다. 보통은 동일한 브랜드를 취급하는 회사의 직원들은 동일한 행동을 취하기 마련인데, 희한하게도 이 회사의 경우는 그렇지 않다. 매장별로 각기 다른 인센티브 시스템을 적용하고 있는 건가 싶었지만 그렇지도 않았다.

마침 그 회사로부터 용역 의뢰를 받게 되었는데 전국에 있는 매장 직원들의 행동 양식을 하나로 만들어달라는 주문이었다. 계약을 하고 가장 먼저 달려간 곳이 우리 동네 매장이었다. 왜 그들만 다른 행동 양식을 보이고 있는지 궁금했기 때문이다.

이유를 알기까지는 오랜 시간이 걸리지 않았다. 문제의 발단은 매장의 매니저에게 있었다. 직원들을 무시하는 매니저의 태도가 사원들의 집단 사보타주로 표출된 것이다. 그런데 회사에서는 그런 사실을 모르고 그 매니저의 인사고과를 좋게 주었고, 여기서 터진 불만이 고스란히 고객에게 전가되고 있었던 것이다.

조직에 대한 애사심이 없으면 그 마음이 행동으로 표출되고, 이는 고객에게 그대로 전달된다. "내 조직을 사랑하지 않는 사람이 고객에게 친절하게 행동할 리가 없다"는 말처럼 조직에 대한 애사심이 없으면 어떤 방법을 써도 직원들의 사기를 올리기가 힘들다.

한 글로벌 자동차 회사의 요청에 따라 전국 영업소를 상대로 대대적인 직원 의식 조사를 실시한 적이 있다. 온라인 서베이와 함께 주요 보직에 있는 사람들을 개별 인터뷰한 조사에서 '로열티 → 자발성 → 고객 만족 → 매출'의 상관관계에 확신을 갖게 되었다. 자동차는 다른 산업에 비해 판매가 인센티브 시스템에 크게 의존한다는 점, 인풋(input)과 아웃풋(output)의 인과관계가 비교적 단순하게 도출되는 산업이라는 점에서 관심을 갖고 진행했다.

'회사, 조직, 상사, 업무'의 4대 영역에 해당하는 160가지 질문과 자유 기술 형식을 통해 가장 긍정적으로 기술된 단어들과 가장 부정적으로 기술된 단어들을 정밀 분석했다. 이렇게 해서 도출된 종합 데이터 순위와 최근 3년간 각 영업소 판매량을 비교 분석한 결과, 놀랍게도 회사에 대한 신뢰가 가장 낮은 영업소의 하위 10%와 판매 매출이 가장 저조한 영업소의 하위 10%가 거의 일치했다.

각 영업소를 다니며 주요 보직에 있는 사람들과 개별 인터뷰를 실시했고, 목소리를 긍정의 신호와 부정의 신호로 분류하여 위에 열거한 정량 데이터와 비교했다. 긍정의 신호로 채집된 영업소의 상위 10%와 부정의 신호로 채집된 하위 10%에 해당하는 영업소의 데이터 결과는 정량 데이터와 일치할 뿐만 아니라 판매량 기준 영업소 실적 순위와도 거의 비슷했다.

조직에 대한 이야기를 해달라고 했을 때 좋은 실적을 자랑하는 영업소의 멤버들은 마치 자신의 가족 얘기를 하듯 애정 어린 눈빛을 보여주는 반면, 실적이 저조한 영업소의 멤버들은 주저 없이 본인이 몸담고 있는 조직에 대해 험담을 했다.

'우문현답(愚問賢答)'이라는 말이 있다. '어리석은 질문 현명한 대답'이라는 뜻이지만, '문제의 답은 현장에 있다'는 뜻으로 현장의 목소리를 강조할 때 쓰이기도 한다. 안타깝게도 이 기업의 경우 현장의 목소리가 위로 전혀 올라가지 못하고 있었다.

다음은 2016년 6월 잡코리아에 의뢰하여 전국의 직장인 3,600명을 대상으로 실시한 '대한민국 직장인 의식 조사' 결과의 일부다. "조직의 경영진이 현장 상황을 어느 정도 알고 있다고 생각합니까?"라는 질문에 다음과 같은 결과가 나왔다. 관리자와 비관리자의 답변이 극명하게 대조를 이룬다.

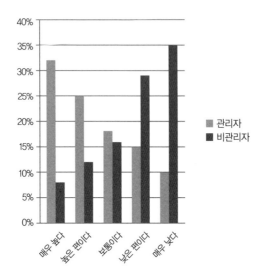

실적이 좋지 않은 기업에 매출 부진의 이유를 물으면 항상 나오는 답변은 '불경기' 때문이다. 이는 현장을 정확히 보지 못하는 말이다. 조직은 위에서 아래까지 하나가 되어야 하는데, 현장을 바라보는 관점에서 관리자와 비관리자 간의 차이가 존재하기 때문이다.

문제는 조직의 최고책임자가 이런 시각차로 인해 왜곡된 데이터를 손에 넣게 된다는 것이다. 자신은 모든 정보를 정확히 알고 있다고 생각하겠지만 실제로는 아는 것이 없다. 현장을 정확히 파악하지 못하는 조직의 수명은 짧다. 이런 조직은 결국 침몰할 수밖에 없다. 그러므로 다양한 채널을 가동하여 현장의 목소리가 위로 올라갈 수 있게 해야 한다. 칭찬의 목소리든, 불만의 목소리든 커뮤니케이션 통로를 만들어야 한다.

다 알면서도 쉬쉬하지 않는가?

반대 의견을 내지 못하는 조직의 결과

2002년 용인시는 지방자치 도시로서는 처음으로 야심차게 경전철 건설 프로젝트를 실행했다. 총 공사비 1조 127억 원의 초대형 프로젝트였다. 공사가 시작된 지 8년 후인 2010년, 전국 최초의 경전철인 용인에버라인이 완공되었다. 당초 1일 이용객 수를 16만 명으로 상정하고 운영비 계획을 수립했는데 최대 1만 명이라는 새로운 보고서가 나오면서 사업 주체인 용인경전철주식회사와 용인시 사이에 최소운영수입보장제도(MRG)와 관련된 분쟁이 일어났다.

우여곡절 끝에 2013년 4월 가까스로 개통은 했지만, 1일 평균 이용객 수가 8,000명 정도밖에 안 되는 바람에 용인시는 매년 500억 원의 비용을 30년간 운영 회사에 지불해야 하는 상황이 되었다. '대한민국 최초의 경전철'이라는 수식어는 '단군 이래 최악의 민자 사업'으로 바뀌었고, 이후 용인시는 늘어나는 빚더미로 최악의 상황을 맞이하게 된다.

그런데 당시 이 프로젝트에 참여한 공무원은 "실제 이용객 예상치가 큰 차이가 난다. 현장에 가보면 금방 알 수 있다. 예상치를 부풀려도 너무 부풀렸다. 다시 조사해야 한다. 그러나 내부 분위기상 말할수 있는 상황이 아니다. 다들 알면서도 쉬쉬하는 분위기다"라며 지인들에게 당시의 심정을 털어놓았다고 한다.

1997년 8월 6일 새벽 1시 40분, 미국령 괌 상공에 서울을 출발한 대한항공 801편의 모습이 보이기 시작했다. 비행기 안에는 승객과 승무원을 포함해 총 254명이 타고 있었다. 승객들은 이제 곧 도착할 괌을 떠올리며 착륙을 기다리고 있었다.

그러나 비행기 밖의 상황은 심상치 않았다. 전날부터 조금씩 내리기 시작한 비가 장대비로 변하더니 급기야는 한치 앞을 볼 수 없는 상황에 이르렀다. 초조해진 부기장은 기장에게 "고도를 올려야 합니다. 착륙을 포기해야 합니다"라고 외쳐야 한다는 걸 알면서도 입 밖으로 내지 못했다.

3분 뒤, 기체가 심하게 흔들리는가 싶더니 공항에서 남쪽으로 4.8킬로미터 떨어진 니미츠힐 언덕에 추락하고 말았다. 기체가 세 동강나면서 주 날개의 연료 탱크에 불이 붙었고, 그 불로 인해 탑승자 254명 가운데 229명이 사망했다. 결과적으로 피로에 지친 조종사와 괌 공항의 유도 장치의 결함으로 일단락되었다.

그런데 말콤 글래드웰이라는 저널리스트가 흥미로운 사실을 발견했다. 말콤 글래드웰은 『아웃라이어』에서 블랙박스에 담긴 기장과 부기장의 대화에 대해 아래와 같이 분석했다.

"10시간의 비행 시간 동안 기장의 일방적인 지시만 있을 뿐 부기장의 의견 개진은 전혀 없었다. (···중략···) 아마도 기장과 부기장 사이의 수직적 조직문화가 위험을 감지한 부기장에게 침묵을 강요한 것 같다."

두 이야기 모두 불편한 내용에 대하여 자유롭게 의견을 개진하기 어려운 우리나라의 조직문화를 보여주는 대표적인 사례다. 왜 우리는 이렇게 부당한 상황에서도 "아니오(No)"라는 말을 못하는 걸까? 전 세계 IBM 직원을 대상으로 각국의 문화 차이를 조사한 조직심리학자 게흐트 홉스테드의 '문화 차원 이론'으로 그 이유를 추론해보고자 한다.

홉스테드는 『문화의 결과』에서 지구상에 존재하는 모든 국가 문화를 네가지 차원으로 분류했다. 이를 '홉스테드 모형'이라고 하는데, 우리나라는 조사 대상 53개국 가운데 권력 격차(Power Distance) 27위, 불확실성 회피 성향(Uncertainty Avoidance) 16위를 기록했다. 권력 격차는 상하 간에 존재하는 권위를, 불확실성 회피 성향은 난처한 상황에 빠질 위험을 피하려는 것을 말한다.

반대 의견을 존중하지 않는 사회나 조직은 결국 썩은 물처럼 서서히 생명력을 잃는다. 직원들이 자유롭게 의견을 내지 못한 채 리더의 일방적인 지시로 끝나는 회의 문화를 두고 탁월한 리더십이라 자화자찬하는 조직이 있다면 그 미래를 의심해봐야 한다. 반대 의견 없는 조직이 과연 건전한 조직일까? 솔직히 말해 이것은 회피다. 다른 의견일지라도 편견 없이 받아들이는 자유로운 조직문화는 기업이 위기에 처한 순간 강력한 힘을 발휘할 수 있다.

주니어급 사원과 적극 소통하라

효과적인 사내 의견 수렴 방법

조직의 명령은 나이와 직급에 따라 얼마나 영향을 미칠까?

판교에 있는 한 벤처기업에서 시행한 '금연 지시 1년의 기록'이라는 보고서를 보고 의문이 들었다. 이 회사는 1년 전부터 300명에 이르는 전 직원을 대상으로 금연 프로그램을 실시했다. 실패자에게는 인사상 불이익과 페널티를 동반한 정신적 스트레스를 주는 한편, 성공자에게는 보너스를 동반한 각종 혜택을 주는 프로그램이었다.

당초에는 흡연의 역사가 긴 세대, 즉 나이가 많고 지위가 높을수록 실패율이 높고 직급이 낮고 나이가 어릴수록 성공률이 높을 것이라고 예측했다. 그런데 결과는 반대로 나왔다. 팀장 이상급의 성공률은 100%였는데, 주니어급 사원들의 경우 성공률이 50%에 이르지 못했다. 예상을 빗나간 결과를 두고 인사팀장이 이렇게 말했다.

"대표님, 어떻게 해석해야 할까요?"

1년 전 인사팀장으로부터 이 프로젝트에 대한 이야기를 처음 들었을 때, 상위 직급에서 성공률이 높게 나오고 아래 직급의 성공률은 높지 않을 것이라 예상했다. 인사팀장과 반대되는 예측이었다. 그렇다면 나와 인사팀장의 예상 결과 차이는 어디서 기인한 것일까? 그답을 조직의 명령이라는 관점에서 결과를 바라보면 이해할 수 있다.

사람은 나이를 먹을수록 조직 순응적으로 변한다. 직급이 올라갈수록, 조직에서 부여받은 권리와 혜택이 늘어갈수록 리스크를 피하려는 심리가 강해진다. 손실 회피는 인간의 기본 심리로, 나이와 직급이 올라갈수록 강해지는 경향이 있다. 반대로 잃을 것이 별로 없는 사람들은 소신대로 행동하는 경향이 있다. 이제 막 사회에 발을 들인 사람은 가진 것이 별로 없다. 그래서 조직의 지시가 본인의 생각이나 가치관과 맞지 않는다면 반항적인 행동도 할 수 있다.

한편 옥시 사건의 중심인 옥시레킷벤키저가 거센 비난을 받는 데는 두 가지 이유가 있다. 제품의 유해성을 알고도 판매를 계속했다는 점과 유해성을 감추기 위해 돈을 주고 연구 보고서를 조작했다는 점때문이다. 2012년 초 옥시에서 일하던 선배를 만난 적이 있다.

"회사를 그만둘까 생각 중이야."

"아니, 갑자기 왜요?"

"갑자기는 아니고, 오래전부터 고민해왔어."

"가습기 사건 때문이에요? 제품 때문이라는 결과가 나온 것도 아닌데 좀 더 지켜보는 게 좋지 않을까요?"

"정확한 건 아니지만 용역을 준 교수들에게 돈을 주고 연구 보고서를 조작했다는 소문이 돌고 있어. 제품 판매를 중단하자는 의견도 묻히고 있고. 더 이상은 양심이 허락지 않아."

선배 말에 의하면 당시 옥시에 근무하는 사람들 사이에서도 가습기 살균제에 대한 유해성 논란이 있었다. 하지만 인체에 무해하다는 회사의 공식 입장 때문에 누구도 이의를 제기하지 못했다. 이런 상황에서 동물실험 결과가 발표되자 양심 있는 직원들 중심으로 조금씩 목소리를 내기 시작했다. 조직은 심하게 흔들렸고, 직원들의 동요도 매우 컸다고 한다. 너도나도 사표를 낼 것 같았다. 하지만 정작 조직을 떠난 직원은 몇 명 되지 않았다. 당시 옥시의 직원 수는 300명 정도였는데, 유해성이 밝혀지고 연구 보고서 조작 사건이 터진 2012년 회사를 떠난 직원은 20여 명에 불과하다. 재미있는 현상은, 퇴사자의 대부분이 젊은 주니어 사원들이었다는 점이다.

조직의 명령이 본인의 양심에 위배될 경우, 보통의 사람들은 어떤 반응을 보일까? 예일대 심리학과 스탠리 밀그램 교수는 '권위에 대한 복종 실험'을 통해 이 문제를 연구했다. 참가자들에게 전기 고문을 시킨 이 실험에서, 전혀 따를 것 같지 않던 지시에 대해 참가자들의 65%가 명령대로 전기 고문을 가했다는 충격적인 결과가 나왔다. 심지어 지시하지 않았는데도 최고 출력까지 올린 참가자도 다수 있었다고 한다. 중요한 점은 나이가 많을수록 큰 의심 없이 조직의 명령을 따랐고, 나이가 젊을수록 주저하는 경향을 보였다는 사실이다.

실험에서 전기 고문을 거부한 35%는 대부분 젊은 층이었다.

　다시 처음의 이야기로 돌아오면 조직의 명령에 대해 나이와 직급이 높을수록 따르는 경향을 보였으나 나이와 직급이 낮을수록 소신대로 움직이는 멤버가 많았다는 점이 중요하다. 즉, 이 문제는 '금연'이 아닌 '조직의 명령'에 초점을 맞춰야 한다. 대부분의 기업이 사내 여론을 수렴하는 과정에서 범하는 오류 중 하나가 '간부들의 의견'만으로 정책을 결정한다는 것이다. 하지만 경영진 주변에 포진된 간부사원들은 CEO의 지시에 반대하는 경우가 거의 없다. 권력자의 의도에 반기를 들 경우 잃을 것이 너무 많기 때문이다. 따라서 젊은 주니어층을 사내 의견 수렴 과정에 적극 참여시키는 방법은 인사의 합리성을 높이는 데 큰 도움이 될 것이다.

사명감,
놓친 것은
무엇인가?

'사명감'은 조직과 고객을 위해 자신의 자리에서 최선을 다하는 책임감이다.
책무를 다하는 일이야말로 조직 성장에 꼭 필요한 기본 조건이다.

어떻게 '묻지 마 채용'이 가능한가?

심혈을 기울여야 하는 채용 단계

채용 단계에서 기업과 지원자 간의 미스매치를 최대한 줄일 수 있다면 채용 후 벌어지는 이탈을 막는 데 큰 도움이 될 것이다. 채용 후 미스매치를 줄이는 방법은 인사를 업(業)으로 하고 있는 사람이라면 항상 고민하고 있는 문제 중의 하나다. 어디서 어떤 방식으로 접근하는 것이 가장 효율적일까? 잘나가는 회사들은 채용 관리를 어떻게 하고 있을까?

이러한 궁금증을 조금이라도 풀기 위해 채용 관련 세미나를 준비하면서 720명을 대상으로 설문 조사를 실시했다.

외투 법인의 경우 만족도가 46.2%로 대체로 높은 반면에 국내 기업의 경우 대기업 26.7%, 중소기업 17.9%로 외투 법인의 절반에도 못 미치는 수치다. 신입사원 이탈률과 관련하여 외부에 알려진 통계에 따르면, 국내 기업의 신입사원 이탈률은 대기업 10%, 중기업 20%, 소기업 30%인 데 반해 외투 법인은 5~7%밖에 되지 않는다. 국내 법인보다 외투 법인의 근무 조건이 좋기 때문에 이탈률이 낮다고 주장하는 사람이 압도적으로 많다.

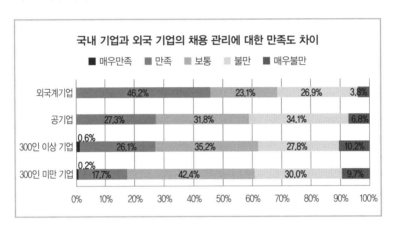

채용 단계별 과정에 대해서는 규모에 따라 조금씩 차이는 있지만 중요도 면에서 1차 면접(44.4%), 2차 면접(19.2%), 서류 심사(16%), 채용 공지(14.4%)순으로 결과가 나왔다. 대부분 기업들이 답하기를, 채용 과정에서 1차 면접 비중이 절반에 달할 정도로 가장 중요한 단

계로 인식하고 있었다. 여기서 한 가지 눈에 띄는 점은 기업 실적에 따라 정도가 다르다는 것이다.

1차 면접의 경우 실적 하위군의 기업(39.3%)보다 상위군의 기업(49.5%)이 1차 면접 비중을 더 크게 두고 있는 반면, 2차 면접이나 서류 전형 같은 다른 요소의 중요도 차이는 대략 3%포인트 이내로 큰 차이가 없었다. 즉, 우량 기업일수록 1차 면접에 대한 비중을 더 크게 두고 있다는 사실을 알 수 있다.

한 중견기업 인사팀장은 지원자 중에서 아버지가 회사의 발주처에 일하는 경우가 가끔 있는데, 이 경우 '묻지 마 채용'을 하게 된다고 솔직히 고백했다. 요즘은 그렇지 않지만 과거에는 면접 자리에서 반드시 나오는 질문이 있었다. 바로 "아버님 직업은 무엇인가?"였다. 여기에는 두 가지 의도가 숨어 있다. 하나는 훌륭한 직업을 가진 부모 밑에서 자란 자녀가 가정교육도 잘되어 있을 것이라는 사회 관념 때문이고, 다른 하나는 지원자의 부모 가운데 혹시라도 우리 회사에 도움이 될 만한 사람이 없을까 하는 비즈니스 마인드 때문이다. 규모가 작을수록 첫째 이유가 더 강하게 작용하고, 규모가 클수록 둘째 이유가 더 크게 작용한다.

하지만 이런 식의 채용은 채용 관리의 가장 중요한 역할을 담당하고 있는 면접을 무력화시킴으로써 관여된 모든 사람들의 의욕과 사기를 저하시키는 부작용을 낳는다. 또 결과적으로는 지원자가 회사를 떠나게 만드는 원인이 되기도 한다. 결국 이탈률을 줄이기 위한 최선의 방법은 채용 단계부터 특히 면접에서 심혈을 기울이는 것이다.

조직력은 뜨거운 전우애와 같다

열정이 불러일으킨 최고의 성과

전쟁과 비즈니스를 동일시하는 워 비즈니스(War Business) 열풍을 불러일으키며 전 세계적으로 인기를 끈 『전쟁의 기술』의 저자 로버트 그린은 인류가 겪은 수많은 전쟁의 역사를 연구하면서 전쟁에서 이기는 필살의 비법을 '기선 제압'이라는 단어로 요약했다. 전쟁 초기에 얼마나 상대방의 기를 꺾어놓느냐가 향후 승패를 가른다는 의미다.

로버트 그린은 집필 과정에서 가장 많이 참고한 책으로 『손자병법』을 꼽았다. 전쟁의 바이블로 통하는 『손자병법』에서는 전쟁의 승패를 가르는 결정적 키워드로 '지피지기(知彼知己)'를 강조한다. 두 책에서 동시에 강조하는 '전쟁을 시작하기 전 필수 요소'는 바로 조직력이다. 좀 더 쉽게 풀어 쓰면 '내부 단결'이다. 이기기 위한 필살의

무기가 기선 제압이든 지피지기든 일단은 내부 구성원들의 단합된 힘이 전제되어야 한다는 의미다.

로버트 그린은 전쟁의 전략과 전술이 비즈니스 세계에서 어떻게 활용되고 있는지를 소개하면서 "전략과 전술을 생각하기 전에 조직력(내부 구성원의 단결)을 먼저 점검하라"고 말했다. 전쟁에 임하는 기업이 아무리 탁월한 전략과 전술을 펼칠 준비가 되어 있어도 구성원 간의 단결력이 약하거나 믿음이 없으면 싸워보기도 전에 스스로 무너지고 만다는 것이다.

한 유명 의류 메이커는 10년 전 글로벌 컨설팅 기업에 수억 원의 비용을 지불하고 중국 진출을 위한 계획을 세웠다. 하지만 막대한 손실을 안은 채 실패하고 말았는데 "갑자기 내려온 2세 경영자의 일방통행에 반감을 느낀 해외사업부 직원들의 사보타주에 그 원인이 있었다"는 내부 관계자의 말을 들은 적이 있다. 이처럼 아무리 큰 비용을 들여 수립한 전략도 구성원의 지원과 공감을 얻지 못하면 무용지물에 불과하다.

반대로 오리온그룹의 중국 시장 성공 신화는 철저한 조직력에서 비롯되었다고 볼 수 있다. 1993년 중국 진출을 위해 구성된 초코파이 중국사업팀 멤버들은 뜨거운 동료애와 조직력을 바탕으로 지피지기와 기선 제압의 전략을 펼쳤다. 직접 발로 뛰며 시장 조사를 거쳐 당시 파란색이던 포장지를 중국인이 좋아하는 붉은색으로 바꾸고, 포장지의 부제도 情(정) 대신 중국인이 좋아하는 글자인 仁(인)과 又(우)로 바꿨다. 또한 이미 시장을 차지하고 있는 다국적 기업과의 경쟁에서 이기기 위해 천안문광장에서 대규모 시식회와 1만 개의 초코파이를 무료로 나누어주는 이벤트를 개최했다. 기선 제압을 위한 주사위를 던진 것인데 결과는 대성공이었다.

무엇보다도 본격적인 전쟁을 시작하기에 앞서 현장에 있는 전투원들의 마음가짐을 가장 중요한 성공 요소라고 여기고, 팀원 간의 동료애와 열정에 비중을 두고 조직을 관리했다. 어느 TV 프로그램에서 한 직원은 "진한 동료애로 난관을 이겨내고 지금의 성공에 이르게 되었다"고 힘주어 말했다. '본사의 무한 신뢰 → 뜨거운 동료애 → 팀장의 리더십'으로 이어지는, 성공한 기업들에게서 나타나는 방정식이 여기서도 그대로 나타난 것이다.

열흘에 걸쳐 오리온 중국법인을 촬영한 KBS「신화 창조의 비밀」제작팀은 이렇게 말했다.

"무엇이 이러한 성공을 가능하게 했을까? 우리 제작팀이 내린 결론은, 초코파이 특유의 뛰어난 제품력을 바탕으로 하여 어떤 시련에도 굴하지 않고 반드시 성공하겠다는 직원들의 신념과 끈끈한 동료애가 있었기 때문이라고 생각한다. 국내 출시 30주년을 맞은 초코파이의 경쟁력은 이미 자타가 공인하는 사실, 여기에 중국 현지 직원들의 서로 간의 애정과 열정이 없었다면 초코파이 성공 신화는 절대 불가능했을 거라는 게 우리 제작팀이 내린 결론이다."

조직력은 전우애와 마찬가지로 눈에 보이지 않는다. 측정할 수도 없다. 그래서 아무리 뛰어난 컨설턴트라도 특정 기업의 조직력에 대해 현 수준이 어느 정도라고 감히 말하지 못한다. 계량화할 수 있는 근거도 없고, 활용 가능한 데이터도 없기 때문이다. 그 대신 신뢰도 측정을 통해 대략 가늠할 수 있는데, 신뢰 지수가 높은 조직일수록 전우애 비슷한 *끈끈한 의리*를 느낄 때가 많다.

이런 *끈끈한 의리*야말로 생사를 오가는 전쟁터에서 승리를 안겨주는 가장 중요한 핵심가치다. 마찬가지로 기업에서도 조직력은 실적 향상에 가장 중요한 요인이다. 실제로 승승장구하는 회사와 그렇지 않은 회사를 보면 조직력에서 큰 차이가 난다. 그러므로 기업은 비즈니스라는 전쟁에 임하기 전에 내부 조직력을 끌어올리는 작업을 선행해야 한다.

어떻게 기업을 이끌 것인가?

승계 기업의 성장 조건

    가업을 이어받아 더욱 크게 성장시켜 성공한 2세 경영자들도 많지만, 반대로 경영 승계 이후 소리 소문 없이 사라진 경우도 적지 않다. 2세에서 3세로 승계될수록 생존 확률은 더 희박해진다는 연구 결과도 있다. 가족기업연구소에 따르면 기업이 창업주의 대를 이어 2대까지 생존하는 비율은 30%, 3대까지 건재하는 장수기업 비율은 12%, 4대 이상까지 살아남는 초장수기업은 3%라고 한다. '부자 3대 못 간다'는 속담이 새삼 실감난다.

    그럼에도 가족이 소유하거나 경영하는 가족기업은 우리나라뿐만 아니라 글로벌 경제에서 핵심 역할을 한다. 전 세계 기업의 80%가 가족기업으로 추산되고 있으며, 대부분의 국가에서 그들은 장기적 일자리의 최대 공급원이기도 하다. 미국만 해도 가족기업이 전체 노동자의 60%를 채용하고 신규 일자리의 78%를 창출한다. CEO 선임처럼 중요한 결정에 영향을 미치는 경우는 미국 S&P 500대 기업의 33%, 프랑스와 독일의 250대 기업의 40%, 동남아시아와 중남미 대기업의 60% 이상을 차지한다고 가족기업연구소는 말한다.

우리나라도 마찬가지로 시간이 갈수록 경영 승계 기업이 늘어날 것으로 예측된다. 요즘은 후계자를 대동하고 모임에 참석하는 회장들의 모습을 자주 볼 수 있고, 본인 스스로 2세, 3세 경영인이라고 소개하는 경우도 늘어나고 있다. 실제로 우리 회사 고객들 중에서도 2세 경영인이 아버지를 도와 회사 경영에 참여하고 있는 경우가 상당수다.

경영 후계자의 성공 포인트를 말하자면 다음 세 가지를 들 수 있다. 가족중력(Family Gravity), 공정인사(Clean HR System), 기업가정신(Entrepreneurship)이다.

먼저 '가족중력'은 창업주 가족의 단결과 이를 기반으로 한 지원을 말한다. 어느 기업이든 창업주가 있다. 경영 일선에서 왕성하게 활동하고 있든, 은퇴하거나 세상을 떠났든, 창업주의 숭고한 정신은 기업의 유산으로 남아야 하고, 창업주의 가족은 이 유산이 시대를 관통하여 유지되도록 노력해야 한다.

그리고 '공정인사'는 말 그대로 공정하게 이뤄지는 인사 체계를 말한다. 최근 승계 기업에서 가족중력은 어느 정도 중심을 잡고 있는데 아버지와 아들, 형제자매 사이의 묘한 줄타기 인사가 새로운 문제로 대두되고 있다. 얼마 전 한 오너 기업 회장의 장남과 한 사무실에서 근무하는 후배를 만난 적이 있다. 그는 "이번 인사에서 과거 회장님과 함께 일했던 사람들이 모두 부활해서 앞으로 피바람이 예상된다"면서, 또 "회장님 차남 쪽 사람들이 건방지게 우리 의견을 무시하고 있는데, 더 크기 전에 손을 써야겠다"며 무시무시한 말을 했다.

하버드 경영대학원의 보리스 그로이스버그 교수와 동 대학원의 데보라 벨 연구원이 가족기업과 비가족기업에 종사하는 임원들을 대상으로 설문 조사를 실시해 각자의 인사고과 점수를 매겨달라고 요청했다. 흥미롭게도 가족기업 임원의 점수가 비가족기업 임원에 비해 형편없이 낮았다. 특히 인재관리 점수에서는 유독 낮은 평을 받았다. 자사가 인재를 발굴, 채용, 유지 혹은 해고하는 인재 쟁탈전에서 선전하고 있거나 직장 내 다양성을 잘 활용한다고 응답한 비율은 10%도 되지 않았다.

나도 이와 비슷한 경우를 가끔 경험한다. 주변 회장님들의 요청으로 경영자 수업을 받고 있는 후계자들을 만나 대화를 하다 보면 대놓고 말하진 않지만 자신이 데리고 있는 직원만 신뢰하거나 본인 라인에 있는 사람들 말에 지나치게 의존한다는 인상을 받을 때가 있다. 이런 상황에서 과연 공정한 인사가 이뤄질까?

마지막으로 '기업가정신'은 실패를 두려워하지 않고 끊임없이 도전하는 벤처 정신이자 선대 회장이 회사를 창업할 때의 마음가짐으로 돌아가 조직을 원점에서 다시 일으켜 세우는 정신을 말한다. 물려받은 조직을 지키기보다는 파괴하고 떠나는 수(守)→파(破)→리(離)의 정신이기도 하다.

　최근 경영권을 승계받은 2세 경영자들을 보면 두 가지 부류로 나뉜다. 선친이 작고하고 없는 상태와 아직도 뒤에서 지켜보고 있는 상황에서의 승계다. 여기에는 미묘한 차이가 있다. 좀 더 스트레스가 큰 쪽은 당연히 후자다. 여차하면 아버지가 다시 경영 일선에 복귀할 수 있기 때문이다. 아니면 제3자가 후계자로 임명될 수도 있다. 반대로 선친이 세상을 떠난 경우는 좀 더 자유로운 환경에서 주변 눈치를 보지 않고 회사를 경영할 수 있다는 장점이 있다. 이 경우 성공 확률이 더 높은 것으로 나타나는데, 아마도 주변 눈치를 보지 않고 본인 스타일대로 경영할 수 있기 때문일 것이다.

고스톱 쳐서 승진했습니까?

관리자의 개입이 필요한 순간

조직 내부의 의사소통이 실패하는 가장 큰 원인은 무엇일까? 그것은 바로 인식 차이 때문이다. 인식 차이는 사람마다 관심사와 가치관, 감성이 모두 달라서 생긴다. 우리는 자신의 인식 체계에 맞지 않는 정보를 종종 무시한다. 주장을 펼칠 때는 자신의 시각을 뒷받침하는 정보를 선택적으로 수집하고 기억한다.

평소에 친분이 두터운 한 중견기업 회장님의 요청으로 신규 시장 진입 여부를 결정하는 중요한 자리에 외부 전문가의 입장으로 참석한 적이 있다. 처음에는 마케팅 전문가도 아닌 내가 왜 이런 자리에 초대를 받았나 싶었는데, 곧 회장님의 의중을 깨달았다. 부서 간에 생긴 보이지 않는 갈등을 어떻게 해결하면 좋을지 조언을 구하고 싶었던 것이다.

이 회사는 그동안 해외 유명 브랜드를 수입해 국내 시장에 유통시키며 승승장구해왔다. 이제는 자사 브랜드를 가지고 새로운 시장을 만들 생각으로 아이템 선정을 위한 준비 작업을 하며 전략사업부 내에 별도의 기획팀을 신설해 치밀한 시장 조사를 한 끝에 결과를 발표하는 자리를 갖게 된 것이다.

발표는 전체적으로 훌륭하게 진행되었다. 수요 예측을 위한 잠재 고객 분석도 좋았고, 예상 비용과 판매 전략도 잘 구성되었다. 계획한 대로만 된다면 이 회사의 주력 매출이 기존의 해외 브랜드에서 국산 토종 브랜드로 옮겨 갈 것은 당연한 수순으로 보였다. 회장님을 비롯해 모두가 흡족한 표정으로 미소를 짓고 있을 때 갑자기 재무팀장이 이의를 제기했다.

"예측한 원가 계산이 엉터리로 작성되었습니다. 저건 거짓입니다. 저 계획대로 추진할 경우 신규 브랜드는 제대로 론칭도 하지 못한 채 시장에서 철수해야 할 것입니다. 한마디로 리스크 관리가 전혀 고려되지 않은 무모한 프로젝트입니다."

이에 더하여 "기자들을 대상으로 접대비가 웬 말이냐"는 발언이 나오면서 회의장은 찬물을 끼얹은 듯 조용해졌다.

기업마다 약간의 차이는 있겠지만 일반적으로 조직에는 악어와 악어새처럼 서로 필요로 하는 부서가 있다. 반대로 상호 견제가 유독 심한 부서들도 있다. 글로벌 전자기업의 R&D 파트에 근무하는 한 친구는 만날 때마다 구매팀 사람들 때문에 죽겠다는 말을 입에 달고 산다. 싸구려만 사주는 바람에 연구를 할 수 없다는 푸념이다.

이처럼 서로 간의 입장 차이로 반목이 심한 부서를 꼽으라면 아마도 영업팀과 재무팀일 것이다. 영업팀의 미션은 매출 극대화이고 재무팀의 미션은 비용 절감이기 때문이다. 쓰지 않고 벌 수는 없으니 어느 선에서 타협하느냐가 관건이다.

앞에서 이야기한 중견기업의 경우도 비슷한 사례다. 평소에 돈만 쓰는 전략사업부를 못마땅하게 여겨온 재무팀장이 작심하고 제동을 건 것이다. 인식의 차이 때문에 각자의 관점에서만 생각한 것이다.

개인 간의 갈등, 조직 내 갈등은 언제 어디서나 생길 수 있다. 문제는 갈등을 조정하는 과정이다. 갈등의 징조가 보일 때 상대방의 입장에서 생각하면 더없이 좋겠지만 이런 경우는 거의 없다. 따라서 당사자들의 상사가 중재하는 것이 가장 바람직하다. 봉합하기 어려운 상황이 되기 전에 당사자들보다 한 직급 위에 있는 상사가 중재하여 갈등을 봉합하는 것이 가장 좋다.

그러나 앞의 회사의 경우 어떤 이유에서인지 경영진의 개입이 전혀 눈에 띄지 않았다. 이 사건 외에도 지금까지 크고 작은 마찰과 트러블이 있었는데, 중재나 대화에 의한 조정은 거의 없었다고 한다. 한마디로 리더십이 부재했다.

쌍방에게 책임을 물을 수는 있겠지만, 무엇보다 가장 큰 책임은 양쪽 모두를 관장하고 있는 담당 임원에게 물어야 할 것이다. 문제가 생긴 지 얼마 지나지 않아 두 사업부의 조정 역할을 맡고 있던 담당 임원이 해임됐고, 신규 사업은 다시 자료를 보강해 발표하라는 지시가 떨어졌다. 새롭게 구성된 프로젝트 팀에는 재무팀 팀원도 합류했고, 사전 조정 작업을 거쳐 무사히 경영 회의를 통과했다고 한다.

개입해야 할 때 개입하지 않고 개입하지 말아야 할 일에 개입하는 관리자들을 가끔 본다. 관리의 기본도 모르는 그런 사람들을 보고 있노라면 솔직히 자질이 의심스럽다. 고스톱 쳐서 승진했을 리는 없을 테고, 나이 때문에 자동 승진한 경우가 대부분이다. 나이를 따지기 전에 기본으로 돌아가 자신이 맡은 역할에 대해 다시 생각해야 한다.

비용 손실보다 감정 손실을 막아라

신입사원 교육에 임하는 자세

신입사원 입문 교육이 끝나는 직원들에게 특강을 해달라는 요청을 받았을 때의 일이다. 총 50명이 입사했는데 10명이 이탈하고 현재 40명이 남았으며 특강을 하는 그날이 마지막 교육 일정이었다. 10명이 이탈했다는 말에 의구심을 갖고 교육장에 들어섰다.

40명에게 종이 한 장씩을 나눠주고 한 달간의 교육에서 얻은 가장 큰 소득이 무엇인지, 회사나 업무에 대한 궁금증, 자신의 미래 모습을 익명으로 적게 했다. 그리고 수거한 설문지에 공통적으로 거론된 키워드를 중심으로 그룹화하여 그 내용을 토대로 교육을 진행했다.

신입사원들은 교육을 통해 회사라는 조직에 대해 이해한 것을 가장 큰 소득으로 여겼다. 막연하게 자리잡고 있던 이미지가 구체적으로 파악되었다는 것이다. 아울러 동료들과의 협업 체제에 대한 중요성을 새롭게 느꼈다는 답도 가장 많았다. 반면, 선배들과의 관계와 실무 현장에서 인정받으며 잘 적응할 수 있을까 하는 두려움이 가장 컸다. 가보지 않은 길에 두려움을 느끼지 않는 사람은 없으니 두려워하지 말고 담대히 맞서라고 당부했지만 표정은 밝지 않았다.

강의가 끝난 후 교육장을 나서면서 교육 담당자에게 "신입사원 중 10명이 이탈했는데 매년 이렇게 20% 정도의 중도 퇴사자가 발생하나요?"라고 물었다. 그는 자주 받는 질문이라는 표정으로 "어떤 해는 30%까지 나올 때도 있습니다. 들어간 돈과 시간이 아깝긴 하지만, 이를 감안해서 항상 30% 정도 더 뽑기 때문에 현장 투입에는 지장이 없습니다"라고 답했다.

담당자는 아무렇지 않게 얘기했지만 회사의 오너나 관리자가 들으면 어떨까 하는 생각이 들었다. 단순히 비용적인 면만 계산해봐도, 1인당 인건비가 월 평균 200만 원이라면 해당 직원과 관련된 간접비를 동일하게 적용했을 때 한 사람에게 들어가는 평균 비용은 대략 400만 원이다. 10명이 퇴사했다는 말은 한 달 사이에 영업과 관련된 직접비가 아닌 내부 관리 소홀 탓에 4,000만 원의 손실이 발생했다는 뜻이다.

문제는 비용 손실보다 더 큰 손실이 있다는 것이다. 바로 감정 손실이다. 퇴사한 직원들로 인해 남아 있는 신입들은 의욕을 상실한다. '이 회사가 멋있다고 생각한 건 착각이었나?', '뭐야? 혹시 루저들만 남은 거 아냐?'와 같은 패배 의식이 싹틀 수 있다는 말이다. 교육 담당자가 이런 생각을 하고 있나 싶어 그들의 퇴사 이유가 무엇이냐고 물어보니 "요즘 애들이 다 그래요. 너무 편하게 자라서 조금 힘들다 싶으면 금방 때려치운다니까요"라는 답이 돌아왔다. 그는 신입사원의 퇴사 이유를 어려운 환경에 대한 적응 실패로 생각하고 있었다. 퇴사 이유를 그들의 문제로 돌리는 것은 일종의 책임 전가다.

우리나라는 미국이나 일본, 유럽의 선진국과 비교해 일자리가 심하게 부족한 국가에 속한다. 매년 일자리를 찾기 위해 사회에 나오는 젊은이들의 숫자는 약 60만 명인 데 반해 그들을 수용할 수 있는 일자리는 대기업과 중소기업을 전부 합쳐 20만 개뿐이다. 모두가 선호하는 좋은 일자리는 상황이 더 심각하다. 이렇다 보니 우리나라 젊은이들은 취업 재수나 어학 연수에 시간과 돈을 투자한다.

2년 전, 한국경영자총협회(경총)가 발표한 자료에 따르면 전국 405개 회사에서 신입사원이 1년 내 퇴사한 비율은 25.2%였다. 이는 경총이 5년 전에 동일한 조사를 했을 때보다 9.5% 포인트 상승한 수치다. 그러나 퇴사하는 신입사원을 바라보는 담당자의 생각과 진짜 퇴사 이유에는 차이가 있다. 경총은 그들의 신입사원의 퇴사 이유에 대해 조직·직무 적응 실패(47.6%), 급여와 복리 후생에 대한 불만(25.2%), 근무 지역·환경에 대한 불만(17.3%)이라고 원인을 설명했다.

하지만 『중앙선데이』가 입사 1년 내 퇴사자 30명을 만나 개별 인터뷰한 결과는 경총의 조사와 상당한 차이가 있다. 업무에 대한 불만(36.6%), 미래에 대한 기대 상실(30%), 인간관계(16.7%) 순으로 나타난 것이다. 그중 업무에 대한 불만은 자신이 예상한 업무와의 괴리감에서 오는 어쩔 수 없는 결과라 치더라도 나머지 퇴사 이유에 대해서는 기업에 책임을 묻지 않을 수 없다. 채용한 인재를 절대 놓치지 않겠다는 고차원적 접근은 둘째 치더라도 당장 채용 때문에 조직이 소진한 시간과 비용을 생각해서라도 교육 담당자들이 좀 더 사명감을 가지고 접근해야 할 것이다.

단기 성과에 집중해서는 안 된다

결과만큼 과정을 중시하는 자세

1982년 국내 프로야구가 출범하고 1년 뒤, 야구계에 혜성 같은 존재가 등장하는데 그는 바로 재일동포 투수 '장명부'다. 인천을 기반으로 한 삼미슈퍼스타즈에서 장명부는 입단 첫해에 한국 프로야구 역사상 최다승인 30승을 기록하였다. 또한 44경기에 선발 등판해 36경기를 완투했고, 427이닝 투구라는 전대미문의 기록을 달성했다. 그러나 장명부는 1984년도에 13승 20패, 1985년에는 11승 25패를 기록하며 팀에서 방출됐다. 도대체 무슨 일이 있었던 걸까?

1982년 삼미슈퍼스타즈는 6개 구단 중에서 꼴찌를 했다. 구단주는 일본에서 장명부를 데려오면서 '야구 명가 삼미 탄생'이라는 슬로건을 내걸고 삼미의 부흥을 선언했다. 그 중심에 장명부라는 투수가 있었고, 그에게는 계약 연봉 이외에 추가로 1억 원의 보너스가 약속되었다. 그 당시 1억 원은 지금으로 치면 약 18억 정도의 어머어마한 금액이다.

단기 성과에 집중한 덕분일까? 삼미는 장명부의 활약에 힘입어 1983년에 3위까지 오르는 쾌거를 이룬다. 하지만 장명부에게만 의존한 나머지 다른 멤버들의 육성은 등한시한다. 무리한 등판으로 인해 장명부는 어깨 통증에 시달리고, 다른 멤버들의 육성이 이루어지지 못한 상황에서 장명부가 하락세로 돌아서자 팀도 연패를 기록한다. 단기 성과에 집착한 구단주의 과욕으로 팀과 개인 모두 파산한 꼴이 되어버린 것이다.

국내 제약회사에서 일어난 일도 이와 비슷했다. 국내 제약회사는 기본적으로 대부분의 매출을 약국과 병원에 의존하고 있다. 그러다 보니 약사와 의사에 대한 로비가 치열하고 리베이트도 있다. 재무제표가 공개된 한 제약회사의 지출 항목을 보면 다른 업종에 비해 유독 직원들에 대한 교육개발비 예산이 높다. 이는 직원들의 능력 계발을 위한 비용이라기보다는 리베이트 비용을 확보하기 위한 예산 항목으로 잡아놓는 경우가 많다.

이것이 사회적 이슈가 되자 정부는 몇 년 전부터 강력한 의지를 가지고 단속을 펼쳤고, 이는 제약회사의 영업 스타일에 큰 변화를 가져왔다. 선물이나 접대 등 의사 개인에 대한 물질적 로비에서 병원에 건물을 지어준다거나 각종 기자재를 기증하는 식으로 바뀐 것이다.

새로운 스타일의 영업 방식에 제약회사는 비용 증가로 인한 부담이 커졌지만, 영업사원들은 내심 반기는 분위기다. 왜냐하면 개인에 대한 접대는 뇌물에 대한 도덕적 갈등을 일으켰지만 건물을 지어주거나 기자재를 제공하는 것은 병으로 고생하는 환자들을 위한 일이라는 공익적 명분이 있기 때문이다. 그들 말에 의하면, 음지에서 양지로 나왔다는 것이다.

그런데 최근 제3의 영업 방식이 등장하면서 다시 질서가 붕괴되고 말았다. 누군가가 의사 개개인이 피부로 느낄 수 있는 과거 방식으로 전환을 시도한 것이다. 이번에는 물질적 접대가 아닌 정신적 접대다. 예를 들면 지방 연수원을 가족 휴양지로 리모델링해 의사들에게 제공한다든지, 이미지 개선 아카데미를 이용해 개인 코칭 프로그램을 운영한다든지, 공연에 초대하거나 직접 배우로 출연할 수 있는 기회를 제공하는 것이다.

이런 변화 속에서 제약회사 영업사원 A는 병원 휴게실에 환자들을 위한 대형 프로젝션을 설치했다. 그는 영화를 감상하며 기뻐하는 환자들의 얼굴을 볼 때마다 행복했다. 하지만 경쟁 업체의 B가 의사 개인별 맞춤식 이미징 서비스 플랜을 제공하면서 연 수십 억 원에 이르는 항암 치료제 납품 건이 좌절되고 말았다.

원래 제약회사는 의사 개개인을 대상으로 한 접대비 사용을 엄격히 금지하고 있었다. 그러나 어찌 된 영문인지 이번에는 수주에 실패한 책임을 물었고, 이를 지켜본 멤버들의 머릿속에는 결국 '수단보다는 결과'가 중요하다는 암묵적인 메시지가 새겨졌다. 환자들의 기쁨과 행복에 기여하고 있다는 자부심은 서서히 무너지고 과정보다 결과를 중시하는 문화로 변해갔다.

입으로는 환자의 행복을 외치면서 B처럼 하지 못한 A를 문책하는 것은 결국 과정보다 결과가 중요하다는 것을 암묵적으로 강조하는 것이다. 이런 기업은 오래가지 못한다. 장기적으로는 조직의 건전성이 무너지고 구성원들은 서로를 불신하는 문화가 자리 잡게 될 것이다. 우리는 '엔론 사태'에서도 이런 모습을 보았다. 『포춘』으로부터 수년간 '미국에서 가장 혁신적인 기업'으로 극찬받고 '일하기 좋은 100대 회사'로 꼽힌 엔론은 에너지 사업으로 시작해 통신, 철강, 기후 리스크 관리 분야까지 확장했다. 그런 엔론의 자산과 이익 대부분이 교묘한 회계 부정에 의한 결과라는 사실이 밝혀지면서 엔론은 역사 속으로 사라졌다.

세계적인 경영의 대가 게리 하멜은 엔론을 몰락하게 만든 주요 원인의 하나로 올바르지 않은 기준에 따른 목표 설정을 꼽았다. 당시 엔론은 매출 목표에 따른 인센티브 시스템을 운영했는데, 문제는 그 시스템이 영업 인력이 창출하는 매출에만 기초하고 있었고, 근본적인 사업의 건실함이나 수익성은 고려하지 않았다는 것이다.

세계적 수준의 기업은 단순히 현재의 경기에만 집중하지 않는다. 오늘보다는 내일, 내일보다는 모레를 위해 노력한다. 단기 성과에만 연연한 나머지 전도유망한 직원의 생명력을 단축시키며 조직은 힘을 잃고 만다.

현장에서 매출이 좌우된다

현장 대응력의 중요성

모처럼 친구와 약속이 있어 여의도에 갔다가 새로 개업한 식당에 들어갔다. 고급스러운 외관과 함께 깔끔하게 정돈된 실내 인테리어도 마음에 들었지만 오픈 기념으로 나누어주는 고급 우산에 마음이 혹했다. 개업일인지라 손님이 많아서 번호표를 받아 조금 기다린 끝에 자리에 앉았는데 하필 계산대 바로 옆자리였다.

그런데 계산이 끝났으니 그냥 가시라고 말하는 식당 직원과 계산한 적이 없다고 말하는 손님 사이에 작은 논쟁이 벌어졌다. 반대 상황이라면 모를까, 계산한 적이 없다고 우기는 손님과 이미 계산이 끝났으니 빨리 나가라고 우기는 종업원의 실랑이는 낯설었다. 어쨌든 이상하다는 생각을 할 법도 한데 직원은 귀찮다는 듯 빨리 손님을 내보내려고만 했다. 아니나 다를까, 손님들이 나가고 얼마 지나지 않아

다른 종업원이 계산대에 나타나 "실수로 한 테이블을 계산 완료로 처리했는데 손님들이 벌써 나가고 안 보인다"며 난리법석을 떠는 것이었다.

그런가 하면 내가 애용하는 동네 골프연습장에서 근무하는 계산대 여직원은 손님들에게 친절하기로 유명하다. 친절을 넘어 회원 개개인의 특징을 관찰해서 대화를 이끌어내는 재주가 보통이 아니다.

"김 회원님, 안녕하세요. 오늘은 좀 늦게 오셨네요."

"박 회원님, 오늘은 사모님께서 어디 가셨나봐요. 항상 함께 오시더니."

"임 회원님, 골프백 바꾸셨네요. 원래 검은색이었지요? 오늘 가져오신 하얀색이 훨씬 잘 어울리세요."

그녀의 현장 대응력이 빛을 발하는 날은 주말 오후의 피크타임이다. 주변에도 야외 연습장이 몇 군데 있다 보니 대기 시간이 1시간 이상 길어지면 손님들은 기다리지 않고 바로 다른 데로 간다. 예전에 있던 여직원은 손님들이 다른 데로 가겠다고 해도 내버려두었다. 가거나 말거나 내가 받는 월급은 똑같은데 구태여 아쉬운 소리 해가면서 붙잡을 필요가 없었을 것이다.

하지만 이 여직원은 누가 시키지 않아도 기다리는 손님들을 위해 커피를 대접하고 잡지를 가져다주기도 한다. 심지어는 "지금은 한참 기다리셔야 하니 저녁 시간대에 오시면 서비스로 30분 더 넣어드릴게요"라면서 고객 이탈을 막으려 혼신의 힘을 다한다. 그렇다고 사장의 친인척도 아니다. 단순한 아르바이트 사원이다.

대조적인 두 직원의 행동을 보면서 HR 현장에서 수없이 강조하는 '현장 대응력'이 떠올랐다. 두 사람 다 시급제로 월급을 받고 있으니 정규직과 계약직의 차이라고 말할 수 없다. 차이가 있다면, 고객을 대응하는 최일선에서 예상치 않게 발생한 문제에 잘 대응하는 '두뇌 회전력'과 자신이 맡고 있는 직무에 대한 '책임감'이었다. 이것을 묶어서 '현장력'이라고 부른다.

BSC(Balanced Score card)라 불리는 '균형성과표'의 창시자인 하버드대의 로버트 캐플란 교수의 연구에 의하면, 현장에서 고객을 직접 응대하는 담당자가 어떤 행동을 취하느냐에 따라 고객 만족도와 구매력에 큰 차이가 생긴다. 현장 담당자의 초기 대응을 10으로 가정했을 때, 긍정적 방향으로 1씩 올라갈 때마다 고객의 관심과 우호적 태도는 1.5배 증가하며, 이는 상품이나 서비스에 대한 구매력을 1.두배 증가시킨다. 반대로 초기 대응이 엉성하여 부정저거 방향으로 1씩 내려가는 경우, 고객의 관심과 흥미는 1.5배 감소하고 마찬가지로 구매력 또한 1.두 배 줄어드는 결과가 나타났다.

경영학의 전통적인 관점에서 이는 B2C 영역에 적용되는 것으로 알려져 있었으나, 담당자의 적절한 행동은 B2C나 B2B 상관없이 모든 영역에 걸쳐 필요하며 매출에도 직접적인 영향을 미친다. 그래서인지 최근에는 B2B를 비즈니스모델로 하는 기업들이 앞 다투어 현장 영업사원들의 상황 판단력 향상을 위한 교육에 신경을 쓴다.

요즘은 무슨 일이 일어나면 바로 실시간으로 공유되는 '시공간 제약이 제로'인 세상이다. SNS로 대변되는 소셜 미디어의 출현은 모든 산업에 걸쳐 엄청난 파장을 낳고 있으며, 상품이나 서비스에 대한 초기 인식을 형성하는 데 강력한 영향을 미친다. 그러므로 현장에서 일하는 사람들의 두뇌 회전력과 마음가짐은 고객에게 잊지 못할 기억을 선사하고, 그 경험의 공유는 더욱 확산되어 기업 성장에 큰 영향을 미칠 것이다.

사원은 어떻게 성장하는가?

공적인 사명감과 목표 일치

　많은 기업들이 직원들의 역량 계발과 복리 후생의 일환으로 사외에서 운영하는 학위 프로그램에 직원들을 보내고 있다. 그중에서도 가장 인기 있는 것이 국내 유명 대학에서 운영하는 MBA 프로그램이다. 회사 규모나 재력에 따라 해외 MBA 코스를 운영하고 있는 회사도 더러 있지만, 그 수가 극히 제한적이고 부정적인 결과가 많다 보니 요즘은 해외 MBA 프로그램을 운영하는 기업이 점점 줄고 있다. 이런 상황에서 국내 MBA 프로그램은 우수 직원들의 조직에 대한 자부심 제고에 효과가 있는 차세대 리더 육성의 모범적인 교육 프로그램으로 불리며 인기를 더해가고 있다.

　MBA 프로그램을 이용해 모 대학 MBA에 진학하려다 뜻하지 않은 사고(?)로 꿈이 무산된 후배의 이야기를 소개할까 한다. 이름을 들으면 알 만한 한 중견기업은 B2C 기업인 탓에 인지도에 비해 매출 규모가 그리 큰 편은 아니다. 그곳에 다니는 후배는 인사팀의 핵심 멤버로 본인이 직접 CEO를 설득해 모 대학 MBA에 연 2~3명씩 조직의 핵심 인력을 보내게 했다.

그런데 어느 날, MBA를 바라보며 휴일이고 야근이고 마다하지 않고 고생한 후배가 모든 꿈이 산산조각 났다며 울상이었다.

"왜? 이번에는 네 차례라며 좋아했잖아."

"이번에 공부시킨 직원들이 스카우트를 당해 경쟁사로 가버리는 바람에 사장님이 노발대발 난리가 났어요. 돈 들여서 공부시켜봐야 소용없다며, 당장 회사가 지원하는 모든 교육 프로그램을 없애라는 지시가 내려왔어요."

"그 친구들 학비는 어떻게 하고? 보통 의무 기간 채우지 않고 퇴직하면 물어내게 하잖아."

"스카우트한 회사에서 내주기로 했대요. 그렇지 않더라도 연봉이 올라서 해결할 수 있을텐데 무슨 걱정이에요. 이렇게 될 줄 알았으면 제가 처음에 지원할걸 그랬어요."

흔치는 않지만 이렇게 큰 비용을 들여 공부시켰더니 다른 회사로 이직해버렸다는 이야기를 가끔 듣는다. 재력이 좋아 1년에 수십 명씩 MBA에 직원들을 보내는 기업들이야 이런 일이 발생해도 큰 지장이 없겠지만, 후배의 회사처럼 큰맘 먹고 1년에 2~3명 정도 보내는 회사의 경우에는 타격이 크다. 이와 관련하여 '한국 최초의 우주인' 이

소연 박사가 생각난다. 지금은 미국에서 가정을 꾸린 이 박사는 지난 2006년 4월, 3만 6,000명의 경쟁자를 물리치고 우리나라 최초의 우주인으로 선발된 카이스트 출신의 재원이다. 원래는 2순위 탑승자였으나 1위였던 고산 씨의 중도 하차로 발사 한 달을 남기고 탑승 기회를 얻었다. 그 후 이 박사는 러시아 로켓을 타고 국제우주정거장에 10일간 머물렀다. 러시아에서 돌아온 이 박사는 항공우주연구소의 선임 연구원으로 2년간의 의무 복무 기한을 끝내고, 2012년 돌연 미국으로 건너가 MBA 코스에 들어갔다. 당시 260억을 들여 추진된 우주인 배출 사업의 주인공이 우주과학과 전혀 관련이 없는 경영학을 공부하기 위해 미국으로 떠나 재미동포와 결혼해 영주권을 신청했다는 기사에, 우리 국민들은 이 박사 개인에 대한 비난과 정책 실패에 대한 비난을 동시에 쏟아냈다.

나는 이 문제를 이소연 박사 개인이나 직원들의 문제로 돌리기보다 프로그램을 운영한 국가와 기업에 더 큰 문제가 있다고 생각한다. 성공적으로 운영되고 있는 교육 프로그램을 살펴보면 우수한 기업은 팀을 꾸려 프로젝트를 맡길 때 다음 두 가지를 가장 중요하게 여기기 때문이다.

첫째는 공적인 사명감이다. 훌륭한 기업 문화를 가지고 있는 조직은 개인적인 욕심보다 공적인 사명감을 가지고 있는 인재를 더 선호한다. 사욕을 앞세우는 사람은 자기 자신을 먼저 생각하지만, 공적인 사명감을 가진 사람은 동료를 먼저 생각한다. 프로젝트를 수행함에 있어서도 동료의 성장과 동료의 기쁨을 더 중요하게 생각한다.

둘째는 프로젝트가 끝났을 때 최종 목표를 1%의 오차도 없이 맞추는 일이다. 우리나라는 'High Context', 한마디로 '고맥락'의 대화에 익숙하다. "말하지 않아도 무슨 말인지 알지?" 식의 애매한 약속이 프로젝트를 망친다. 일이 끝난 뒤 "내가 생각했던 게 아니야"라는 말이 나오지 않게 하기 위해서는 최종 결과에 대한 이미지를 수시로 맞춰보아야 한다.

아직도 많은 기업에서 MBA 프로그램은 인재 육성 과정으로 각광받고 있는데, 성공 사례들을 연구하다 보면 위에서 제시한 두 가지 기준이 명확하게 적용된다. HR 부서에서는 특히 공적인 사명감이 뛰어난 직원의 선발에 혼신의 힘을 다하는 모습을 볼 수 있다. 제도를 만드는 것도, 운영하는 주체도 결국 사람이다.

임원은 큰 그림을 그리는 사람이다

현장을 지휘하고 감독하는 역할

인사를 전문으로 하는 직업의 특성상 "누가 임원으로 승진하느냐?"는 질문을 받을 때가 있다.

"조직의 별이라는 임원이 되려면 실력은 기본적으로 있어야 하고, 거기에 더하여 여러 가지 다양한 사내 역학 관계를 극복해나가야 하는 험난한 여정을 완수해야 한다."

이런 험난한 여정의 결과가 나오는 연말, 특히 대기업의 임원 인사가 이루어지는 12월이 되면 조용할 날이 없다. 국내 300대 대기업의 경우 임원 인사의 대부분이 11월 말에서 12월 초에 이루어진다. 이어서 중소기업의 임원 인사가 발표되고, 각 부서의 조직 개편이 단행된다.

모든 기업이 동시에 임원 인사와 조직 개편을 하지 않는 이유는 업종의 특수성과 회사 내부 사정이 가장 큰 이유겠지만, 작은 기업의 경우 큰 조직의 인사나 조직 개편의 결과 소외되거나 밀려난 사람을 데려오기 위해서이기도 하다. 실제로 구로에 있는 한 유통업체는 관련 업종의 대기업 인사에서 누락된 임원을 스카웃해 톡톡한 재미를 보고 있다.

임원 승진과 관련해서는 부서 분위기도 중요하다. 임원 승진 대상에 포함된 부장들이 있는 부서의 긴장감은 말로 표현할 수 없다. 승진이 결정된 부서의 분위기와 누락된 부서의 분위기는 극명하게 차이가 난다. 이것이 바로 직장이라는 정글의 12월 풍경이다.

20대 후반에 조직에 입사해 단 한 번의 이직도 없이 한곳에 청춘을 바친 선배가 있다. 수천 명의 직원과 수천 억의 매출을 자랑하는 중견기업에서 영업으로만 잔뼈가 굵은 선배는 술만 마시면 이렇게 말한다.

"우리 회사 내가 다 키웠어. 나 없었으면 여기까지 오지도 못했다."

만날 때마다 듣는 고정 레퍼토리지만 싫지는 않다. 그 정도로 조직에 대한 애정이 보이기 때문이다.

그런 선배가 지난 임원 인사에서 물을 먹었다. 만년 부장으로 지방 영업소만 돌다가 결국 옷을 벗게 된 것이다. 믿었던 회장이 일선에서 물러나고 2세 경영 체제로 바뀌면서 환경 변화에 적응하지 못한 것으로 보인다. 예전에 회사가 2세 경영으로 넘어간다는 말을 들었을 때 나는 그 선배에게 경고한 적이 있다.

"이제 지방영업소 생활은 청산하고 본부로 들어가야 합니다. 계속 외곽에 남아 있으면 안 돼요. '눈에서 멀어지면 마음에서도 멀어진다'라고 했어요. 이제부터는 인사권자 눈에 자주 띄는 곳에 계셔야 해요. 주변을 둘러보세요. 결국 승진은 본부에 있는 사람들이 더 많이 하잖아요. 다 이유가 있어요. 누구나 현장을 돌지만 어느 시점에는 본부로 들어가요. 사내 정치를 하라는 말이 아니라 큰 그림을 그리는 일을 시작할 때가 됐다는 말입니다."

하지만 워낙 현장을 좋아했던 선배는 자신의 일에 빠져 본부로 들어오는 타이밍을 놓치고 말았다.

선배의 경우는 안타까운 일이었지만 그렇다고 본부에만 있는 것이 유리하지는 않다. 현장 감각이 떨어진다는 평을 받을 수 있기 때문이다. '본부와 현장', '관리와 영업'이 균형을 이뤄야 한다.

얼마 전 조사한 자료를 보더라도 여러 항목 중에서 '최고경영자의 경력 과정'을 묻는 항목에 다음과 같은 결과가 나왔다. 관리 분야 48.8%(공기업 53.4%, 민간 기업 48.5%, 외자 기업 41.4%), 영업 분야 33.9%(공기업 19.3%, 민간 기업 35.6%, 외자 기업 37.9%), 연구 분야 10.3%(공기업 19.3%, 민간 기업 9.1%, 외자 기업 10.3%), 기타 7.1%(공기업 8%, 민간 기업 6.8%, 외자 기업 10.3%)의 순이다.

외자 기업의 경우 관리와 영업에 큰 차이가 없었지만, 국내 기업은 10%포인트 이상 차이가 났다. 조사 결과에서 보듯이 반드시 관리 분야의 커리어패스를 요구하는 것은 아니다. R&D 출신자도 많고 영업

출신도 적지 않다. 중요한 것은 일정한 직급이 되면 일선 현장에서 뛰기보다 현장을 지휘하고 감독하며 큰 그림을 그릴 수 있는 중앙 무대에서 활약해야 한다는 것이다. 자신이 가지고 있는 현장 경험을 살려서 조직 전체를 위한 큰 기회를 만들어보라는 것이다. 그러기 위해서는 조직 최고책임자의 주변에 있어야 한다. 그래야 기회를 얻을 가능성이 크다.

　조직은 개인의 영달을 위해 임원이 되려는 사람보다 조직을 위해 자신의 경험을 전파하려는 사람을 선택한다. 표면상으로는 인사권자의 눈에 띄는 사람이 승진하는 것처럼 보일지 몰라도, 실은 현장 경험이 얼마나 탁월한지, 그 경험을 얼마나 조직에 잘 전파시킬 수 있는지, 탁월한 조직관리 능력을 가지고 있는지를 판단하여 결정한다.

최고의 퍼포먼스를 끌어내라

강점이 다른 직원의 역량 계발

연세가 있는 사장님들과 상담을 할 때면 '답답하다'는 말을 많이 듣는다. 이런 생각은 비단 CEO만 가지고 있는 것이 아니다. 많은 리더들이 '우리 직원들은 왜 나처럼 행동하지 않는 거지?', '우리 직원들도 나처럼 체계적일 수는 없을까?'라고 생각하며 직원들을 자신의 스타일대로 훈련시키려고 한다. 안타깝게도 이런 방식으로는 성공할 가능성이 전혀 없다. 직원들이 가지고 있는 재능이나 성격과 맞아떨어지지 않기 때문이다.

얼마 전 금융권에 있는 한 선배가 영업 프로세스를 점검해달라고 부탁했다.

"선배님, 요즘 실적 안 좋으세요?"

"뭐가 문제인지는 알겠는데, 어떻게 손을 써야 할지 모르겠네."

"문제라고 생각하시는 그 문제가 뭔가요?"

"인간관계에만 의존하는 멤버들 때문에 고민이야. 팩트와 데이터를 가지고 고객을 상대하라고 그렇게 강조하는데 전혀 받아들이시 않는 친구들이 몇몇 있어."

"결국 금융도 돈을 가진 사람을 상대하는 건데 사람 중심의 영업이 중요하지 않을까요?"

"소득이 낮은 사람들을 상대할 때는 통하겠지. 하지만 우리처럼 고수득자를 상대하는 사람들은 사실 지향적인 영업을 하지 않으면 성공하기 힘들어."

평소 그 선배의 업무 스타일을 잘 알고 있던 터라 "과연 그럴까요?"라는 말로 마무리했다. 그 선배가 인간적인 면모를 강조하는 스타일이었다면 지금의 영업 방식에 정말 문제가 있지 않을까 생각했을 것이다. 하지만 선배는 누구보다 냉정하고 분석적이고 논리적이다. 그래서 오히려 인간관계 중시 영업이 문제일 거라는 생각은 들지 않았다.

이 선배와 정반대의 캐릭터를 가지고 있는 또 다른 선배가 있다. 대기업 상사에서 국내 유통을 책임지고 있는 이웃집 아저씨 같은 인상의 선배는 관계 지향적 업무 스타일을 중요시한다. 이 선배가 가지고 있는 영업의 가장 큰 축은 '나이'와 '술'이다. 누구를 만나도 만난지 10분 안에 모든 사람을 형이나 동생으로 만드는 재능을 발휘한다.

사람들은 이를 '신이 내린 재능'이라고 부른다. 오래전 이 선배의 요청으로 모 유통업체 대표를 소개했더니 다짜고짜 나이를 확인해서 서열 정리를 하고, 술도 못 마시는 대표에게 강제로 소주 3잔을 먹이는 바람에 실신시키고 말았다는 웃지 못할 사연이 있다. 이렇듯 나이와 술에 중점을 둔 인간관계를 중시하다 보니 이런 가치관을 마음에 들어 하지 않는 직원들에게는 인정받지 못했다.

한 가지 아이러니한 사실은 두 선배 모두 조직의 핵심가치로 다양성의 존중을 외치고 있다는 점이다. 그런데 이렇게 다양성을 외치는 기업일수록 서로 다른 사고에 대한 이해가 부족한 경우가 많다. 말로는 '다양한 문화와 성격, 배경을 존중하여 다양한 사고가 조직에 흐르게 하자'고 하면서 나와 다른 사고나 가치관을 가지고 있는 멤버에 대해서는 '자신과 맞지 않다'며 상대조차 하지 않는 리더들이 의외로 많다. 그러나 지난 5년간 우리회사가 실시한 리더십 조사 결과에 의하면, 탁월한 실적을 낸 조직의 공통점은 다양한 인재군을 하나로 버무려 최고의 퍼포먼스를 내도록 유도하는 리더의 역량이었다. 경영 컨설턴트로 유명한 마렌 레키는 『부하직원이 당신을 따르지 않는 10가지 이유』에서 이렇게 말했다.

"능력 있는 직원을 잃는 가장 큰 이유는 리더가 직원의 능력을 계발하는 것이 자신의 과제라는 사실을 간과하고 있기 때문이다."

좋은 리더는 어떻게 하면 최고의 인재를 만들어낼 것인지를 항상 고민해야 한다. 또한 사실 지향적인 직원과 사람 지향적인 직원이 조화를 이루며 협력할 수 있는 기회를 만들어줘야 한다. 그러기 위해서는 팀원들 각자의 재능이 묻히지 않도록 균형을 잡아주는 균형 감각이 필요하다. 특히 직원들의 능력 계발이 자신의 가장 중요한 업무하는 사실을 인지하고 그들의 역량 강화에 힘써야 한다.

축적된 지혜의 값어치는 얼마일까?

지식과 노하우를 쌓는 힘

    대기업 교육팀 소속의 잘나가던 친구가 있었는데, 어느 날 직장에 사표를 던지고 홀연히 산속으로 들어갔다. 3개월간의 칩거를 끝낸 그는 산에서 내려오자마자 나를 찾아왔다. 심혈을 기울여 만든 프로그램이니 시장 가능성을 꼼꼼히 체크해달라며, 이제 좋은 일이 생길 거라고 믿었다.

    그리고 그는 한동안 바쁜 나날을 보냈다. 그가 만든 리더십 프로그램은 우리나라 사람들이 가장 좋아하는 세종대왕과 이순신이라는 두 인물이 주인공이었다. 대충 만들어도 절반은 먹고 들어간다고 할 만큼 한국인이 좋아하는 두 인물을 주인공으로 했다는 점과 10년을 넘게 연구한 전문가의 실력이 그대로 담긴 구체적인 자료가 HR 담당자들의 구매욕을 자극하기에 충분했다. 하지만 고객들의 뜨거운 반응에 들떠 있던 그에게 여기저기서 이상한 전화가 걸려오기 시작했다. 한 HR 기업의 프로그램과 일부 콘텐츠가 유사하며 혹시 A 기업의 모듈을 카피한 것이 아니냐는 내용이었다.

깜짝 놀란 그는 프로그램 확인 작업에 들어갔고, 꽤 많은 사람들이 그가 만든 동영상과 자료를 무단으로 사용하고 있다는 사실을 알게 됐다. 부랴부랴 법적 대응에 나섰지만 이미 늦은 상태였다. 결국 그는 남의 지식을 아무렇지도 않게 훔쳐 쓰는 사람들에 대한 분노와 이 일에 속수무책으로 당한 자신에 대한 실망으로 사업을 포기한 채 고향으로 돌아가고 말았다.

누군가가 피와 땀으로 평생을 공들여 만들어놓은 지식을 아무런 죄의식 없이 도둑질하는 현상은 글로벌 비즈니스를 부르짖는 기업에게서도 흔치 않게 목격할 수 있다. 사무용소프트웨어연합회가 2015년 조사한 자료에 따르면 우리 기업들이 사용하는 소프트웨어의 40%는 정품이 아니다(일본 20%, 중국 77%).

지식이나 노하우를 스스로의 힘으로 축적하려는 노력 없이 남이 만들어놓은 것만 가져다 쓰다가 망한 국가가 있다. 남태평양의 작은 섬나라 나우루공화국이다.

희귀 광물인 인광석이 발견되면서 하루아침에 세계에서 가장 풍요로운 부자 나라가 된 나우루공화국은 모든 생필품을 해외에서 조달했다. 그렇게 하는 것이 더 편리하고 단가가 낮았기 때문이다. 국내 생산 시설은 더 이상 가동되지 않았고, 국민들은 만드는 것을 생각하는 사고의 메커니즘을 잊어버렸다.

그렇게 20년의 시간이 지나 2000년대에 접어들면서 인광석은 바닥이 났다. 더 이상 해외에서 물건을 들여올 상황이 아니었지만 국내에는 생산 시설이 없었고, 수순대로 심각한 물자 부족에 직면했다. 일자리도 있을 리 없었다. 한때 1인당 국민소득에서 미국을 앞질렀던 나우루공화국은 현재 세계 최빈국으로 전락했다.

우리라고 상황은 별반 다르지 않다. 지금처럼 남이 쌓아온 지식을 등한시하는 상황이 지속된다면 창의적인 상품이 나오기 어렵고 창의력도 쇠퇴할 것이다. 각고의 노력 끝에 축적한 지식이 싸구려 취급을 당하거나 창의력이 죽어버린 국가와 기업, 개인의 말로는 참담할 수밖에 없다.

이런 인식 전환은 기업에서도 시작되어야 한다. 기업은 사회를 변화시키는 가장 강력한 힘이기 때문이다. 존 맥스웰 목사의 『사람은 무엇으로 성장하는가』에서는 망치질 한 번으로 1,000달러를 번 전문가의 이야기가 나온다. 어느 회사에서 기계 고장으로 생산이 중단되자 전문가를 불렀고, 전문가는 고장 난 기계 주변을 맴돌다가 망치질 몇 번으로 기계를 고친다. 다음 날 회사로 날아온 청구서에는 무려 1,000달러의 비용이 적혀 있었다. 담당 직원은 고작 망치질 몇 번에 1,000달러를 청구한 것은 말이 되지 않는다며 문제를 제기했다. 그러자 그 전문가는 다음과 같이 말한다. "망치질 1달러, 망치질이 필요한 지점을 파악한 것 999달러."

존 맥스웰 목사가 말하는 '지혜의 값어치'란 이런 것이다. 눈에 보이지 않는 지혜의 값어치를 계산하기란 어려운 일이다. 또한 그것을 인정하는 자세도 중요하다.

너무 높은 기대치가 불신을 낳는다

상하관계에서 서로를 이해하려는 노력

"우리는 목표 의식이 너무 약한 것 같다. 문제 해결을 위해 좀 더 적극적으로 매달리는 직원의 모습이 내가 원하는 직원상이다."

"올해는 회의 문화를 개선해볼 생각이다. 즉흥적인 회의보다는 철저한 준비가 선행된 회의 문화를 통해 기획력이 강한 회사로 바꿔볼 것이다."

"시켜서 하는 직원보다 자발적으로 나서는 직원이 예쁘다. 무슨 일이든 자발적인 참여가 성공의 키워드라고 생각한다. 참여 의식을 강조하고 싶다."

"아침 일찍 출근해서 스마트폰 게임으로 소중한 시간을 낭비하는 직원들이 너무 많다. 그런 직원들을 보면 한심하다. 그 시간에 책을 본다든지, 다른 형태의 자기계발에 임해주었으면 좋겠다."

"불평불만이 얼굴에 가득한 직원을 볼 때가 가장 짜증난다. 명분만 있으면 회사에서 내보내고 싶다. 그런 사람과는 아무도 함께 일하려고 하지 않는다. 어떤 방식으로든 알려주지 않으면 안 되는데, 어려운 과제다."

"자신이 전문가라는 프로 의식이 필요하다. 아마추어처럼 고객에게 휘둘리는 직원을 보면 답답하다. 이 일은 내가 제일 잘할 수 있다는 프로 의식이 직원들 사이에 퍼지면 좋겠다."

직장인들의 불만 사항 1순위는 복리 후생이고, 나에게 스트레스를 주는 사람 1순위는 회사의 경영진을 포함한 직장 상사라는 조직 구조의 어두운 메커니즘을 보면서, 경영진이나 관리자는 어떤 생각을 갖고 조직과 직원을 바라볼까 궁금했다. 특히나 최고경영자의 경우는 조사를 위한 모집단을 구성하기가 쉽지 않아서 실행에는 옮기지 못했다.

그러던 중 지인의 도움을 얻어 가산동 디지털 단지에 입주해 있는 중소기업 사장님들께 직원들과 관련된 솔직한 의견을 들을 기회를 잡았다. 간단한 조사였지만 소중한 데이터를 얻었을 뿐만 아니라 진솔한 이야기까지 들을 수 있었다. 앞에서 열거한 코멘트는 2017년 새해에 직원들에게 바라는 메시지를 하나씩만 적어달라고 부탁해 얻은 결과 중 일부다.

먼저 CEO들의 입에서 가장 많이 언급되는 키워드만을 가지고 중

요도를 물어보았다. 그 결과 '목표의식 〉 프로의식 〉 자기계발 〉 참여
의식 〉 상호존중 〉 애사심'순이었다.

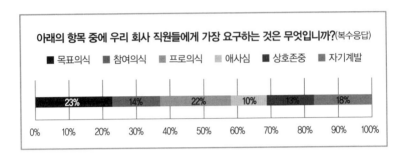

이어진 질문은 "조직의 업무 몰입에 가장 크게 영향을 미치는 인
물은 누구인가?"였는데, 51명의 CEO가 관리자들을 지목했다. 본부
장 같은 고급관리자일 수도 있겠지만, 암묵적으로는 중간관리자를
가리킨 것이라 생각한다. 한 가지 흥미로운 사실은 CEO 본인을 지목
한 비율은 생각보다 낮았다는 점이다.

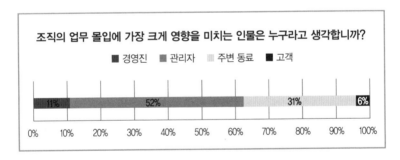

설문에 응한 CEO들이 경영하는 회사가 100명 전후의 직원을 가진
중소기업이라는 점을 고려할 때, 사장이 조직에 미치는 영향력은 작
지 않다. 일반 직원들의 의식 조사에서 나타난 결과를 보면 중소기업

5 Questions,
성장하는 조직의 다섯 가지 질문

에서 CEO가 분위기에 미치는 영향력은 관리자들보다 훨씬 큰 것으로 보고되고 있다. 하지만 정작 본인들은 자신이 미치는 영향력을 과소평가하고 있는 것 같았다.

다음은 이렇게 막대한 영향력을 미치는 관리자에 대한 신뢰도를 물어보았다. 조직의 허리로서 가장 큰 존중을 받는 동시에 문제의 근원지로 지목받는 관리자의 업무 능력에 대해 CEO들은 다음과 같이 답변했다.

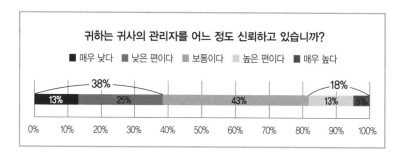

그런데 '불신한다(38%)'는 답이 '신뢰한다(18%)'는 답보다 두 배나 더 많이 나와서 적잖이 당황했다. 이런 결과는 직원들에 대한 신뢰도를 묻는 결과와 비교했을 때도 별 차이가 없었다.

결과만 두고 본다면 사장님들은 확실히 자사 관리자들에게 상당히 불만을 가지고 있는 것으로 파악된다. 이는 아마도 기대치가 높아서일 것이다. 본인처럼 조직을 위해 더 많이 헌신해주기를 바라는데 그 기대에 미치지 못하기 때문이다. 이런 현상은 관리자나 일반 직원들이 경영진에 느끼는 불만과 비슷한 양상을 띤다. 직원들은 항상 조직에 대한 기여도에 비해 조직으로부터 받는 보상이 부족하다고 느낀다. 나 아니면 안 된다고 생각하는 자기 과신이 강한 사람일수록 더 뚜렷하게 나타나는 일종의 사회병리 현상이기도 하다.

그렇다면 사장과 직원이 느끼는 이런 차이는 어디에서 시작된 것일까? 불신이 큰 조직이 지닌 공통적인 특징은 바로 상대방의 입장을 제대로 이해하지 못하고 있다는 점이다. 심지어 서로를 이해하려는 시도조차 않는 조직도 적지 않다.

감수성,
이해하고
배려하는가?

'감수성'은 인간의 기본 심리에 대한 이해를 바탕으로
조직과 구성원이 가져야 하는 마음가짐을 의미한다.

얼굴을 보면서 이야기하자

Face to Face의 동기부여

얼마 전 오랜만에 세종청사에 내려가 있는 친구를 만났다. 가족과 떨어져 사는 것도 힘들었지만, 그보다 이 친구를 더 힘들게 한 건 같은 부서에 속한 동료들과의 커뮤니케이션이었다고 한다. 지금은 모든 부처가 이동했지만, 세종시에 정부청사가 들어섰을 때만 해도 선발대가 먼저 내려가고 본진은 2~3년 뒤에 내려간 경우가 많았다. 그렇다 보니 대부분의 회의가 화상으로 이루어졌고, 당연히 충분히 대화를 하기가 어려웠다. 종종 본의 아닌 오해가 생겨 대화를 꺼리기도 했다고 한다. 얼굴을 보면서 토의했다면 5분이면 끝날 일이 끝도 없이 늘어졌다. 그래서인지 서울에 있는 같은 부서에 있는 사람들보다 선발대로 함께 간 타 부서 사람들과의 동료애가 더 좋았다며, 같은 곳을 바라보는 사람은 같은 곳에 있어야 한다고 힘주어 말했다.

그 친구의 이야기를 들은 순간 '다음카카오'가 떠올랐다. 2004년 6월 23일, 다음커뮤니케이션의 창업주 이재웅 사장은 다음 본사를 제주도로 옮기기로 결정했다고 발표했다. 우선 2004년에 인터넷지능화연구소 직원들이 입주를 하고, 2005년에는 미디어본부가 이동하며, 2006년에 다음글로벌미디어센터(GMC)를 완공하고, 2009년에는 서울 본사의 직원 전원이 제주도로 이동한다는 계획이었다.

"다음의 제주 이전은 의미 있는 실험이 될 것이다. 미국의 IT기업들이 캘리포니아 산호세로 이전해 실리콘밸리를 만든 것처럼 우리도 서울 중심에서 벗어나 지역과 함께 새로운 비전을 만들어야 한다. 우수 인재를 확보하려면 근무 환경과 생활의 질을 높여야 하는데 제주도는 쾌적한 환경을 갖추고 있을 뿐 아니라 국제자유도시를 추진하고 있어 빠르게 이런 조건들을 충족시킬 수 있을 것으로 본다."

그리고 10년이 지난 2014년 4월 7일, 제주발전연구원은 「다음의 제주 이전 10년과 지역 경제 파급 효과」라는 보고서를 통해 "다음이 제주에 이전한 이후에 생산 유발 효과 1,890억 원, 부가가치 유발 효과 1,042억 원, 고용 유발 효과 2,705명이라는 우수한 성적을 거두었다"라고 언론에 발표한다. 이 보도 이후 5월 26일, 다음은 카카오와의 1:1 통합을 발표한다. 여기서 사람들이 가장 중요하게 생각한 것은 다음카카오가 어느 쪽을 중심으로 조직이 재편되느냐 하는 것이었다. 만일 다음을 중심으로 한다면 이대표의 꿈대로 카카오의 직원들도 제주도로 이동할 테고 그럼 제주도를 한국의 실리콘밸리로 만들 가능성이 높아지기 때문이다.

다음카카오는 일단 시간을 갖고 상황을 지켜보기로 했다. 다음카카오의 김범수 의장은 판교에 있는 카카오와 제주에 있는 다음의 현재 지역 거점을 당분간 그대로 유지하기로 했다. "우리는 인터넷 기업이기 때문에 공간의 통합이 없어도 사업을 하는 데는 전혀 문제가 없을 것이다"라면서 제주 사업장의 규모를 더 키워갈 것이라고 했다.

그러나 원거리 결혼 생활은 1년을 채우지 못했다. 통합 법인이 출범하고 1년이 조금 안 된 2015년 7월 2일, 다음카카오는 제주 본사 직원 400명 중에서 20~30명을 제외한 모든 직원을 판교 사옥으로 이동 배치한다는 공지를 발표한다. 또한 그동안 지급해온 제주 근무자에 대한 각종 인센티브 제도를 폐지하여 서울 이동을 촉진시키겠다고 덧붙였다. 김 의장이 훗날 "다음과 카카오가 두 집 살림을 하던 1년은 잃어버린 시간"이라고 표현했을 정도로 양사의 조직적·화학적 통합은 한 발짝도 나아가지 못한 것이다.

우리 회사의 대표 상품인 ECS(Employee Commitment Survey)는 주로 조직의 현 상태를 파악하기 위해 사용하는 조직 진단 툴로 조직과 조직 간의 차이를 내는 요소는 무엇이고, 어떤 이유로 그러한 차이가 발생하는지를 파악하는 데 매우 효과적이다. 이 툴을 사용해 도출한 결과 중 매우 흥미로운 것 가운데 하나가 같은 회사에 존재하는 부서나 인력이라 하더라도 일하는 공간이 다를 경우 다른 조직문화를 형성하게 된다는 것이다. 반대로 서로 다른 부서라 하더라도 같은 공간에서 생활하면 비슷한 생각과 방향성을 보였다. 상식적으로는 일의 가치나 지향점, 업무 몰입 정도 등과 같이 구성원들을 묶어주는 구심점이나 핵심가치가 사업부별로 그 특징이 드러나야 할 텐데, 같은 공간을 사용하는 부서별로 같은 특징이 드러났던 것이다.

로버트 치알디니 교수는 '익숙함이 호감도에 미치는 무의식적인 영향력'에 대한 논문을 발표하면서 다음과 같은 실험을 소개했다. 먼저 피실험자들에게 여러 사람들의 얼굴을 재빨리 스크린에 보여주었다. 피실험자들은 너무 많은 사람들이 지나가는 바람에 제대로 기억하지 못했지만, 스크린에 얼굴이 많이 보인 인물일수록 더 높은 호감도를 보였다. 그리고 이어진 실험에서 피실험자들은 스크린에서 더 많이 본 사람들의 견해에 더 쉽게 설득당했다. 그들이 지역 대표로 출마한다고 했을 때 피실험자들 대부분은 스크린에서 얼굴을 더 많이 본 사람에게 표를 던졌다. "TV에 많이 얼굴을 드러낸 정치인의 당선 확률이 익숙하지 않은 얼굴보다 압도적으로 높은 것도 바로 이런 무의식적 심리와 관계가 있다"고 치알디니 교수는 덧붙였다.

친숙한 얼굴에 더 정감을 느끼는 것은 당연하다. 기업에서도 마찬가지다. 구성원 간에 더 많이 얼굴을 마주하게 하는 구조적 시도가 화학적 결합의 첫 출발이 된다.

같이 일하지 않으면 절대 모른다

아는 후배와 아는 선배의 착각

1974년, 미국 존스홉킨스대의 마크 그라노베터 박사가 재미있는 연구 결과를 발표했다. 「일자리를 구하는 경로에 대한 연구」라는 보고서에 따르면, 사람들은 취업을 할 때 평소 알던 사람에게서 정보를 얻거나(56%), 직접 발로 뛰거나(20%), 구인 광고 또는 구직자를 이용(18.8%)하는데 그중에서 '평소에 알고 지내는 사이'라고 해도 '밀접한 관계'는 31%에 불과하고, 나머지 69%는 '느슨한 관계'에 있는 사람들이었다. 그 후 이 논문은 '약한 연결 관계의 강점(The strength of weak tie)'이라는 이론으로 발전하고 "약한 관계가 강한 관계보다 정보나 자원의 흐름에 훨씬 효과적이다"라는 사실을 증명하기 위한 증거로 많이 인용되고 있다.

내 경험에 비춰 보더라도 가까운 사이보다는 약간 거리가 있는 사이기 오히려 더 편하고 도움이 되는 경우가 많다. 그럼 평소에 조직 외부에서 가볍게 알고 지내던 사이에서 한솥밥을 먹는 사이가 되었을 때 어떤 현상이 발생할까? 성공률과 실패율로 계산한다면 얼마나 될까?

한 커뮤니티의 모임 자리에서 있었던 일이다. 나를 가운데 두고 후배 둘이 자리를 잡고 앉았는데 분위기가 예전 같지 않았다. 직감적으로 둘 사이에 무슨 일이 있구나 싶었는데 아니나 다를까, 모임이 끝난 뒤 평소 친하게 지내던 백 실장이 다가와 상담을 요청했다.

"선배님, 신 과장 때문에 힘들어 죽겠어요."

"왜? 무슨 일인데?"

"빤한 거짓말로 대충 넘어가려고만 하고, 업무에는 집중하지 않고 수다만 떨고, 제가 사람을 잘못 봤나봐요. 함께 일하자고 하는 게 아니었는데 정말 후회되네요."

신 과장이 백 실장의 회사에 들어간 것은 6개월 전이었다. 유아 교육 시장에서 선두를 달리고 있는 기업의 마케팅 부서를 책임지고 있는 백 실장은 시장에 대한 타고난 감각으로 경영진에게 큰 신뢰를 받고 있었다. 한편 신 과장은 청소년 대상 영어 교육 전문 기업에서 학원 영업을 담당하고 있었다. 백 실장의 부서에 결원이 생겼을 때 생기면서 새 팀원을 뽑아야 했고, 신 과장도 마침 이직을 생각하고 있던 터라 전직은 속전속결로 이루어졌다. 당시 나는 둘의 결합을 긍정적으로 생각하지 않았다. 연애와 결혼이 다르듯 한번 마음이 떠나면 상대방의 모든 것이 다 미워 보이는 법이다. 쾌활해서 마음에 든다던 신 과장의 성격은 '수다쟁이'로 표현되었고, 여유 있어 보인다는 장점은 '대충 넘기려고만 하는 거짓말쟁이'로 바뀌었다. 하지만 한쪽의 의견만 들어서는 안 된다. 부정적인 의견일수록 특히 그렇다. 모든 사람은 본인에게 유리한 입장에서 생각하고 사물을 해석하려는 경향이 있기 때문이다.

다음 날, 점심 시간을 이용해 신 과장을 만났다.

"솔직히 말씀드리면 일할 의욕이 전혀 생기지 않아요. 의욕적으로 무슨 일을 추진해보려고 해도 올리는 안건마다 이건 이것 때문에 안 되고, 저건 저것 때문에 안 되고. 온통 안 된다는 피드백뿐이에요. 게다가 믿었던 백 실장님은 이사님 앞에만 가면 말 한마디 못하는 벙어리가 되어버리고, 심지어 맞춤법 지적에 주말까지 전화해서 업무를 체크해요."

공손함과 꼼꼼한 성격의 백 실장을 아는 사람이라면 모두 그를 칭찬한다. 신 과장 또한 반년 전까지만 해도 백 실장을 향해 "제 롤모델입니다. 영원히 존경하겠습니다"라고 말했을 정도다. 하지만 마음이 떠난 지금은 신 과장의 마음속에 백 실장은 '아랫사람을 괴롭히고 위만 쳐다보는 해바라기'로 자리 잡았다.

행동경제학을 창안한 대니얼 카너먼 교수는 "직관적 사고 과정에서 발생하는 인지적 오류가 합리적인 의사결정을 방해한다"는 내용의 논문으로 2002년 노벨경제학상을 수상했다. 수상 인터뷰에서 그는 이렇게 말했다.

"인간의 직관은 경험이 제공하는 것보다 더 큰 영향력을 발휘하며, 우리가 내리는 수많은 선택과 판단을 은밀히 조종한다. 그러나 솔직히 나는 직관의 힘을 그리 믿지 않는다."

아무리 가까운 사이라도 상대방의 내면까지 보기는 불가능하다. 나도 나 자신을 모를 때가 많은데 하물며 만난 지 얼마 되지 않은 사람을 잘 안다고 생각하는 것은 오만에 가깝지 않을까? 그러나 우리는 눈에 보이는 모습에 의존해 판단을 내리는 경우가 많다. 지나치게 가까운 사이가 되어 실망스러운 결과를 보기보다는 '약한 연결 관계의 강점'이 주는 달콤함을 계속 간직하는 편이 낫지 않을까.

스스로 선택하게 하라

___

조직관리와 통제의 환상

    1976년 10월의 어느 아침, 미국 코네티컷주의 시골 마을에 있는 한 요양원이 아침부터 부산스럽다. 거동이 불편한 수십 명의 노인이 새롭게 배정받은 방으로 삼삼오오 짝을 이루어 이주하는 대이동이 시작된 것이다. 언뜻 보면 서로 방만 바꾸는 간단한 일인데, 노인들은 두 개의 그룹으로 나뉘어 몇 가지 요청을 받았다. 인테리어나 가구 배치가 끝난 방으로 이주가 예정된 A 그룹과 방에 필요한 가구와 인테리어를 본인들이 직접 선택한 B 그룹으로 실험 집단이 나뉜 것이다.

    또 한 가지 특이한 점은 노인들은 각자 조그마한 화분 하나를 가꾸도록 요청받았는데, A 그룹은 요양원이 이미 정한 화분을 간호사가 키웠고, B 그룹은 넘겨받은 화분을 본인들이 직접 키우도록 한 것이다. 모두가 조금 이상하게 생각하긴 했지만 특별한 불만 없이 실험에 동참했고 18개월이 흘렀다.

이 실험의 의도는, 스스로 선택해 행동으로 옮기는 집단과 타인에 의해 이미 선택이 끝난 상황에서 생활하는 집단 사이에 어떤 환경 변화가 일어나는지를 알아보는 것이었다. 특히 모두에게 선물로 나눠준 화분에 어떤 변화가 일어나는지 알아보는 것이 가장 큰 목적이었다. 하지만 연구진은 다소 엉뚱한 곳에서 기대하지 않은 결과를 얻게된다.

공교롭게도 실험에 참여한 노인들의 생존율에 큰 차이가 발생했다. 타인에 의해 생활 환경이 정해진 A 그룹의 경우 실험이 시작되고 나서 무려 15명이 세상을 떠난 반면, 스스로 주변 환경을 구성한 B 그룹의 사망자 수는 A 그룹의 절반 정도인 7명에 불과했다. 실험에 참여한 노인들의 인원이 동일했고, 신체 건강역시 비슷했기 때문에 연구진은 결과를 보고 큰 충격을 받았다.

하버드대 심리학자 엘렌 랑거는 '통제의 환상(Illusion of Control)'이라고 이름 붙여진 이 실험에서 힌트를 얻어 실험이 끝나고 1년이 지난 1979년에 같은 노인들을 대상으로 '마음의 시계(Counterclockwise)'라는 연구를 진행했다. 이 연구를 통해 '주어진 환경과 본인의 의지는 신체 나이도 조절할 수 있다'는 놀라운 결과를 발표하면서 세계 심리학계에 일대 파장을 일으킨다.

'통제의 환상'을 조직 내 상황과 비교하여 해석하면 더 큰 시사점을 얻을 수 있다. 우리 회사가 주로 하는 일은 '조직 활성화 컨설팅'이다. 쉽게 말해 침체된 조직을 살아 있는 조직이 될 수 있도록 아이디어를 제공하고 현장에 적용 가능한 실행 방안을 제공하는 일이다. 이를 위해 전사, 부서, 팀, 개인별 KPI를 개발하고, 개발된 KPI가 실현 가능하도록 포스트의 관리자와 주요 멤버들을 교육한다. 고객으로부터 "우리의 기업 문화가 변하기 시작했다. 고맙다"라는 말을 들을 때는 더할 나위 없이 기쁨을 느끼지만 반대로 반응이 냉랭할 때는 무척 속상하다.

그렇다면 변화가 보이는 조직과 아무런 반응이 나타나지 않는 조직의 차이는 무엇일까? 이는 성공한 프로젝트와 실패한 프로젝트의 차이라고 할 수 있다. 사회현상은 한 가지 인풋(input)으로 한 가지 아웃풋(output)이 나오지 않는다. 즉, '이것 때문에 성공했고, 이것 때문에 실패했다'고 할 수 없다.

하지만 공통적으로 큰 영향력을 미치는 요소가 하나 있는데, 바로 프로젝트 참가자의 '열정'이다. 본인의 기안에 의해 발주된 프로젝트에 TF로 참여하여 KPI 추출부터 주요 멤버들의 교육 현장까지 직접 챙기는 담당자가 있다면 그 프로젝트의 성공 확률은 거의 100%다. 그리고 오래지 않아 조직의 변화를 느낄 수 있다. 이때 그 담당자는 당연히 프로젝트 성공의 일등공신이다. 반면에 프로젝트가 거의 끝나갈 무렵 갑작스럽게 TF에 합류하게 되는 사람이 있는데, 이 경우 이변이 없는 한 프로젝트는 거의 100% 실패로 끝난다.

내가 아는 훌륭한 회사의 전반적인 조직 분위기는 멤버들을 사업 초기 단계에서부터 참여시킬 뿐만 아니라 그들의 의견을 적극적으로 반영하고, 가장 의욕적으로 추진 의사를 밝힌 멤버로 하여금 일을 주도적으로 처리하게 한다. 반대로, 모든 설계와 그림은 위에서 다 해 놓고 아랫사람에게 결과만 내놓으라고 하는 회사는 침체된 조직 분위기의 원인이 무엇인지 모른 채 방황한다. 내가 선택하거나 통제할 수 있는 것이 아무것도 없는 상황에서 과연 의욕이 생길까?

엘렌 랑거 교수의 실험에서 알 수 있듯이 기업 문화나 조직관리도 인간의 이러한 기본적 특징을 이해하는 데서 시작되어야 한다. '자유 의지에 의해 통제된 환경을 만들고 싶어 하는 인간의 기본적 욕구'를 조직관리에서도 잘 활용한다면 큰 도움이 될 것이다.

행동도 병균처럼 전염된다

좋은 태도의 중요성

　부모가 자녀에게 가장 많이 하는 말 중에 하나가 "나쁜 친구랑 놀지 마라"는 것이다. 과연 얼마나 설득력 있는 말일까?

　같은 동네에서 나고 자란 친구 중에 '신동'이라 불릴 정도로 머리가 좋았던 친구가 있다. 당연히 공부도 잘했고 전교 1등으로 중학교를 졸업했다. 고등학생이 된 뒤, 이 친구는 오가는 시간이 아깝다며 학교 근처에서 하숙을 시작했다. 그런데 시간이 지나면서 이 친구에 대한 좋지 않은 소문이 돌기 시작했다. 불량학생들과 어울려 다닌다는 소문이었다. 입학식에서 600명의 학년 대표로 입학 선서를 했던 그는 중간 정도의 성적으로 학교를 졸업했다. 그 후 간신히 서울에 있는 대학에 진학했지만 그 친구와 관련한 이야기는 고향 사람들은 물론 동기들 사이에서도 두고두고 회자되고 있다.

반대의 경우도 있다. 전남 완도에서 올라온 작은 키의 왜소한 체구를 가진 친구의 이야기다. 고등학교에 입학할 때만 해도 뒤에서 성적을 세는 것이 더 빠를 정도로 딱히 공부에 재능이 있어 보이지 않는 친구였다. 선생님에게도 친구들에게서 존재감이라고는 없던 이 친구가 두각을 나타낸 것은 3학년이 되면서부터였다. 전국 모의고사 상위 10% 진입을 시작으로 꾸준한 상승세를 이어가더니 졸업할 때는 상위 3%대에 진입하여 수도권에 위치한 모 대학의 의대에 입학하는 쾌거를 이뤄냈다.

시간이 한참 흐르고 나서 그 친구에게 비결을 물어보았더니 이런 대답이 돌아왔다.

"친구를 잘 사귀어야 해. 2학년 때 함께 하숙했던 아이들이 엄청난 공부벌레였어. 그 친구들에게 공부 습관을 배우면서 공부에 요령이 생기고 재미가 붙더라고. 지지 않으려는 오기도 생기고. 내 인생의 은인들이지."

서울대 심리학과 최인철 교수가 이끄는 '행복연구센터'에서 발간한 뉴스레터에는 이런 내용이 있다.

"다음은 미국의 저명한 심리학회지 중의 하나인 『사회적 발달』에 실린 연구 논문입니다. '우리는 베스트프렌드를 가지고 있다고 말한 청소년 500명을 인터뷰했다. 학업 성적이 높은 학생들과 친하게 지내고 있다고 말한 학생들은 자신의 성적 역시 향상되는 것을 경험했다고 말했고, 반대로 학업 성적이 좋지 않은 친구를 둔 학생들의 경우 자신들의 성적 역시 떨어지는 경험을 했다고 말했다'라고 합니다."

최 교수는 이 논문을 인용하면서 "이는 아마도 성공을 추구하는 사람들과 어울리면 그들에 의해 나의 동기부여 지수가 올라가는 긍정적 효과가 있기 때문이다"라고 말했다. 그리고 "어릴 적 부모님에게 많이 듣던 '나쁜 친구와 놀지 말라'는 말씀은 일리 있는 잔소리였다"고 덧붙였다.

'나쁜 친구, 좋은 친구'에 관한 연구 보고는 또 있다. 하버드 의대의 니컬러스 크리스태키스 교수가 발표한 「사회적 관계망이 우리의 행복에 미치는 영향」에 대한 연구 보고서다. 그는 하버드에서 10년간 만난 환자들과의 기록을 정리해 『행복은 전염된다』라는 책을 발간했다. 약물 남용이나 불면증, 흡연, 음주, 식이장애, 행복 같은 것들이 환경과 어떤 관계가 있는지를 추적한 연구 보고서다.

이에 따르면, 친한 친구가 비만이 되면 나도 그렇게 될 가능성이 57%나 높아진다. 인간은 자주 보는 사람들의 모습과 행동을 바탕으로 판단 기준을 세우기 때문이다. 시간이 흐르면서 우리는 자주 어울리는 사람과 비슷하게 생각하고 행동하고, 심지어 겉모습까지 닮아간다. 자주 만나는 사람들의 태도와 생활 습관뿐만 아니라 상대의 성공도 영향을 미친다.

유명 법률 회사에서 파트너로 일하고 있는 친한 선배가 모임에서 이런 질문을 했다.

"작년에는 무척 힘들었습니다. 그런데 올해는 출발이 좋습니다. 실적도 가파르게 오르고 있고, 작년보다 30% 정도 매출도 오르고 일도 많아졌습니다. 그런데 한 가지 신기한 것은 작년에 문제가 있는 파트너 3명을 내보냈는데도 오히려 의뢰 건수가 늘어나고 있다는 사실입니다. 우리 업무의 특성상 파트너가 영업을 하는지라 사람이 줄면 일도 줄어야 하거든요. 이유가 뭘까요?"

사람이 줄었는데 실적은 더 올라가는 이유가 뭘까?

불평불만이 많은 동료와 일하면 이상하게 일이 꼬이는 경우가 많다. 반대로 정직하고 긍정적인 동료는 일의 보람과 기쁨을 준다. 개인의 판단도 중요하겠지만, 조직은 구성원들이 이런 분위기와 환경에 놓일 수 있도록 치밀하고 계획적으로 설계할 의무가 있다. 선배의 경우만 해도 그렇다. 말로는 3명의 파트너가 나가는 바람에 일이 두 배로 늘고 힘들다고 하지만 표정은 '충치 빠진 듯 좋아 죽겠다'였기 때문이다. "사람과 사람 사이에 퍼져가는 것은 병균뿐만이 아니다. 행동도 전염된다"고 말한 니컬러스 크리스태키스 교수의 말처럼, 결국 가장 중요한 것은 함께 일하는 동료들의 태도에 있다.

천국으로의 출근을 꿈꾸다

스트레스 해소를 위한 과제

 어느 대기업 영업부장의 하루는 아침 7시 어김없이 사무실에 도착하며 시작된다. 먼저, 밤새 들어온 팩스를 살피다 보면 8시가 가까워진다. 팀원들이 하나둘 숨을 헐떡이며 달려 들어온다. 규정상으로는 9시 출근이지만 9시부터 시작하는 부서장 회의 때 발표할 자료를 준비하기 위해서는 팀원들을 8시까지 출근시켜야 한다. 20년 전 영업부장이 신입으로 들어왔을 때부터 그랬다. 그때는 8시 출근이 당연했는데, 요즘 친구들은 불평불만이 많다. 자기들끼리 만나면 출퇴근 시간에 대해 성토하는 것 같다.

 9시, 임원과 함께하는 부서장 회의 시간이다. 사업부별로 전날 판매고와 국가별 주문량에 대한 변동 사항을 보고한다. 유럽을 담당하는 사업2팀 팀장의 안색이 좋지 않다. 최근 중국 제품의 덤핑 영업으로 우리 쪽 거래선이 상당량 중국으로 넘어가고 있기 때문이다. 임원에게 호되게 혼나는 동료 팀장이 안쓰럽기만 하다.

오후 6시, 강남의 한 병원 장례식장으로 향한다. 대학 동기의 모친이 돌아가셨다고 한다. 그곳에서 오랜만에 동기들을 만났다. 벌써 퇴직한 친구, 자영업으로 제2의 인생을 시작한 친구, 독립해서 병원을 차린 친구, 무엇보다 함께 CPA 공부를 했던 친구는 제 이름을 딴 회계 사무실을 냈다. 전문직이라 정년이 없다는 사실이 부럽다.

오후 9시, 중국에서 온 거래처 사장이 머물고 있는 명동으로 향한다. 우리 쪽 물건을 가져다 중국 제조사에 넘기는 에이전트 가운데 우리 물건을 가장 많이 팔아주는 A급 에이전트로 소홀히 대접할 수 없다. 특히 이 친구는 독한 양주를 무척이나 좋아한다. 가격 얘기를 하고 싶은 마음은 굴뚝같지만 혹시나 상대의 기분을 상하게 할까 걱정돼 연거푸 술만 들이킨다. 오늘도 어김없이 12시 퇴근이다.

다음은 어느 대기업 5년차 대리의 하루다.

8시가 가까워진다. 우리도 남들처럼 9시까지 출근하면 얼마나 좋을까 하고 생각하며 어떻게든 지각을 피하려고 필사적으로 달려본다. 숨을 헐떡이며 간신히 8시 전에 사무실 도착. 선배들이 하나둘씩 노트를 들고 회의실로 들어간다. 도착한 팩스를 복사하여 빨리 따라 들어간다. 분위기가 별로 좋지 않다. 최근 실적 압박에 모두가 스트레스를 받고 있다.

10시, 부서장 회의에 들어갔던 팀장이 나를 부른다. 다음 주에 유럽 출장을 다녀오란다. 최근 동유럽에서 불기 시작한 중국 제품의 덤핑 공세가 서유럽으로 넘어가고 있단다. 기존 거래처를 돌면서 거래선이 흔들리지 않도록 유대 관계를 강화하고 오라는 주문이다. 북아프리카 지역을 다녀온 지 2주밖에 안 됐는데 또 출장을 가야 한다.

오후 2시, 다시 팀장의 호출이다. 자기 대신 법무팀장에게 가보라고 한다. 영문도 모른 채 법무팀장 앞에 섰다.

"너희 팀장 불렀는데 왜 네가 왔어?"

나보다 세 살이나 어린 게 다짜고짜 반말이다. 자기보다 스무 살이나 많은 부장들한테도 반은 반말이다. 그러니 팀장들이 이곳에 오는 걸 극도로 꺼리는 것이다. 하지만 어쩔 수 없다. 앞으로 회장님이 되실 분이니 참아야 한다.

오후 7시, 팀장을 따라 유럽에서 온 거래처 사장님과 식사를 하기 위해 강남역으로 향한다. 강남에서도 유명한 한정식 집이다. 사람들은 내 돈 주고 먹을 수 없는 비싼 음식을 즐길 수 있으니 얼마나 좋냐고 하는데, 속 모르는 말이다. 통역하느라 음식이 입으로 들어가는지 코로 들어가는지조차 모를 정도다.

오후 10시, 거래처 사장을 떠나보내고 나니 팀장이 나를 부른다. 조금 전 있었던 사장과의 대화 내용에 대한 리뷰를 하자고 한다. 술 마시며 나눈 얘기를 꼭 이 시간에 정리해야 하나 하는 생각이 들지만 어쩔 수 없다. 정리가 끝나자 이제 진짜로 마음 편하게 한잔하자며 나를 데리고 간다. 통역하느라 말을 많이 해서 너무 피곤하다. 그저 집에 가서 쉬고 싶은 마음뿐이다.

어느 부장의 이야기는 제철회사에서 일하고 있는 선배의 이야기이고, 어느 대리의 이야기는 무역상사에서 근무하는 조카의 이야기다. '직무 스트레스'를 주제로 한 세미나를 준비하면서 그들의 일과를 살펴보았고, 이런 스트레스를 줄일 수 있는 방안을 찾기 위해 다양한 의견 조사도 실시했다.

스트레스 해소를 위한 주도적 역할을 누가 해야 하는지 질문했더니 경영층 28.1%, 직속 상사 23.8%라는 답이 나왔다. 그러나 스트레스 해소를 위해서는 또 하나의 요소가 필요한데, 바로 구성원들의 동참이다. 현장의 목소리가 반영된 실행안을 멤버들이 실행하지 않으면 아무리 좋은 방안도 오래가지 못한다. 결론적으로, '경영진의 강한 의지'와 '현장 직원들의 적극적 참여'가 있어야만 고통스러운 조직문화를 개선할 수 있다. 이에 더하여 상대방에 대한 이해도 중요하다. 직급이 높으면 높은 만큼 스트레스 정도도 크다. 그럴수록 상호 이해와 존중이 필요하다.

만일 어린 후배가 팀장이 된다면?

나이와 경험 vs. 능력과 도전

2010년 12월 16일, 미국 LA 북부에 위치한 미션스쿨인 퍼스트루 터런 고등학교에서 19세 한국인 유학생 A 군이 같은 학급의 17살 한국인 유학생 B 군에게 살해당하는 사건이 발생했다. 같은 한국인 유학생끼리 싸우다 생긴 살인 사건이라는 점 때문에 우리나라 뉴스에도 크게 보도되었다. 뉴스에 의하면 같은 반 동급생인 이 둘은 두 살이라는 나이차와 호칭 문제로 그전에도 여러 번 싸움을 벌였다고 한다. 이렇게 시작된 시비는 주먹다짐으로 번졌고, 먼저 얼굴을 가격당한 어린 A 군이 나이 많은 B 군에게 반격을 가하면서 살인으로 이어졌다.

같은 반 동급생 사이에서 호칭 때문에 일어난 사건을 두고 미국인들은 전혀 이해되지 않는다는 반응이었고, 현지 교포들은 기분은 나쁘겠지만 살인까지 부를 정도의 사안은 아니라는 반응을 보였다. 문제는 그들이 한국인이라는 점이다. 아무리 장소가 미국이라고 해도 한국인은 미국인이 아닌 나이 문제에서 자유롭지 않다.

나이와 관련된 문제가 학생들에게만 있는 것은 아니다. 기업의 조직문화 형성에서 나이가 차지하는 비중은 결코 작지 않다. 얼마 전 모 제약회사에 일하는 선배에게 갑자기 회사를 그만둔다는 말을 듣고 놀란 눈으로 그의 회사 앞까지 뛰어갔던 적이 있다. 왜 갑자기 회사를 그만두려 하느냐는 질문에 선배는 조금 황당한 대답을 했다.

"이번에 인사 이동이 있었는데 나이 어린 후배가 팀장으로 승진을 했거든. 우리 세계에서는 조직을 떠나라는 암묵적인 지시나 마찬가지라서 어쩔 수가 없어."

한국인에게 있어 나이란 무엇인가? 매우 복잡하면서도, 나이만큼 긍정적인 측면과 부정적인 측면이 갈리는 이슈도 없을 것이다. 먼저 긍정적인 측면은 어색한 상황에서도 짧은 시간에 위계질서를 잡아주어 쓸데없는 정신적 에너지의 소비를 막아준다는 데 있다. 반면, 부조리하고 불합리하더라도 상대의 나이가 나보다 많다면 조용히 입을 다물어야 한다는 것은 비합리적이다.

우리 회사의 조사 도구 가운데 'JOES(Job Evaluation System)'라는 '직무 가치 평가 시스템'이 있다. 개인이 다루고 있는 직무의 가치를 평가하는 조사 툴이다. 회사 내에 존재하는 각종 직무에 대한 가치를 평가하고 수치화하여 사람 중심의 연봉 체계를 직무 중심의 연봉 체계로 바꿔보자는 취지에서 이용하고 있다. 더 나아가 직무급 제도의 근간이 되는 데이터를 제공함으로써 시간이 되면 자동적으로 승급하는 연공 서열식 급여 제도를 조금이나마 개선해보자는 의도도 포함하고 있다.

이 시스템의 결과를 적용할 때 재미있는 현상을 발견하곤 하는데, 직무 가치가 같을 경우 급여도 같은 기준으로 지불해야 한다는 제안 내용을 수용하면서도, 데이터에 의해 산정된 급여와는 별도로 입사 연차나 태어난 연도를 기준으로 특별 보상금이라는 명목 아래 급여 조정을 하는 기업이 적지 않다는 사실이다. 직급이나 호칭도 마찬가지다. 등급이나 업무의 가치와는 상관없이 나이가 차면 그 연령에 상응하는 일반적인 직급을 붙여준다. 팀원 없는 팀장이 난무하는 이유다.

여기까지는 그래도 큰 문제가 되지 않는다. 문제는 능력 없는 매니저가 버티고 있는 것이다. 단지 입사일이 빠르다는 이유로, 나이가 많다는 이유로 견장을 차고 있는 경우다. 나이는 어리지만 조직을 이끄는 데 전혀 부족함이 없는 멤버가 있어도 나이가 어리면 팀장이나 본부장으로의 승격은 꿈도 꾸지 못한다. 거의 모든 조직이 나이 많은 팀장과 나이 어린 팀원의 구도를 절대 깨지 않으려고 한다. 그만큼 한국인에게 있어 나이는 중요하다.

아래 자료는 2017년 2월 우리 회사가 실시한 '2017 직장인 의식 조사'에 포함된 항목 중 하나다. 일본에서는 우리 회사의 모기업인

RMS에서 실시한 결과다. 일본은 종업원 수 1,000명 이상 기업의 중간관리자 412명, 한국은 300명 이상 기업의 중간관리자 283명이 답해주었다.

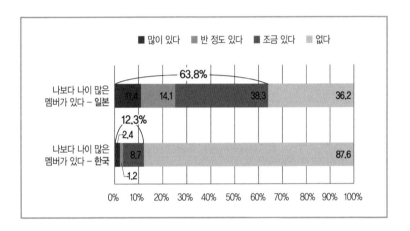

일본의 경우 나이 많은 팀원을 데리고 일하는 팀장이 63.8%인 반면에 한국의 경우 12.3%에 불과했다. 한국의 경우 나보다 나이 많은 부하 직원이 있는 것은 여간 불편한 일이 아니다. 이 말을 뒤집으면, 나보다 어린 후배가 내 위로 올라가는 것 역시 수용할 수 없는 일이다. 그만큼 개인의 능력보다 나이나 입사 연도가 승진과 승격에 큰 기준으로 작용하고 있다.

나이를 기준으로 한 서열 문화를 비판하는 것이 아니다. 하지만 개인의 실력과 능력은 나이와 상관이 없다. 물론 나이가 많을수록 경험이 풍부하여 현장에서 도움이 될 만한 지식과 지혜를 더 많이 가지고 있을 수 있다. 그러나 조직관리에 필요한 것은 지식이나 지혜가 아니라 적극적인 마인드로 목표를 달성할 수 있도록 팀원 개개인에게 동 기를 부여할 수 있는 능력이다.

직원도 회사 밖에서는 고객이다

존중과 감사의 마음 품기

지금은 평생직장의 개념이 사라진 지 오래됐지만, 과거에는 학교를 졸업하고 처음 입사한 회사에서 정년까지 근무하다 퇴직하는 사람이 많았다. 하지만 대개는 몇 군데의 회사를 거치며 다양한 경험을 쌓다가 퇴직한다.

회사를 떠나서도 자신이 다녔던 회사에 대한 좋은 추억을 갖는다는 것은 직장인에게 큰 행복일 것이다. 그 정도로 본인이 다닌 회사에 대한 좋은 기억을 가지고 있는 사람은 그리 많지 않기 때문이다. "퇴사한 직장 쳐다보기도 싫다"고 응답한 직장인이 70%에 달한다는 조사를 보더라도 퇴사하는 직장인에게 좋은 추억을 간직하게 하는 회사는 그리 많지 않은 것 같다.

대학 졸업 후 입사한 기업에서 20년을 근무한 선배가 회사를 나오게 됐다고 했다. 입사할 때만 해도 중소기업에 불과했던 선배의 회사는 이제 이름만 들어도 알 만한 종업원 수 2,000명을 거느린 큰 기업이 되었고, 그 과정에서 경영진의 두터운 신뢰를 받으며 나름 탄탄한 입지를 구축했다고 자랑하던 선배가 갑자기 퇴사했다는 말에 놀랐다.

"아니, 갑자기 퇴사라니요? 난 형님이 적어도 사장까지는 올라갈 줄 알았는데."

"나도 부사장까지는 할 줄 알았지. 그런데 이번 인사 이동에서 내가 모시고 있던 사장이 물을 먹었어. 오너가 사장의 라이벌인 부사장 편을 들어주면서 사장 쪽에 있던 몇 명이 사표를 내기로 했어."

"그렇다고 형님까지 그만둬요? 사장만 나가면 되지. 대학 다니는 아이들 생각도 하셔야죠."

"나도 처음에는 나올 생각이 없었는데. 근데 말이야, 믿었던 보스한테 배신당했다고 느끼는 순간 더는 다니고 싶지 않더라."

내막은 이랬다. 새해를 맞이해 그 회사의 오너는 부사장을 사장으로 승진시켰다. 그러면서 부사장 라인의 사람들이 전체적으로 승진했다. 여기까지는 흔히 있을 수 있는 일이다 선배가 크게 실망한 부분은 오너와 함께한 지난 20년을 뒤돌아볼 때 최소한 한 번 정도는 사표를 반려할 줄 알았는데 면담조차 거부하더라는 것이다. 그냥 사회에서 만난 사이라도 그렇지는 않았을 거라며 선배는 분을 삭였다.

우리는 흔히 인재를 대하는 지혜를 공부할 때, 삼국지에 나오는 조조와 유비를 많이 비교한다. 최우석 소장이 쓴 『삼국지 경영학』에 이런 내용이 나온다.

"조조는 능력에 따라 인재를 등용하는 혁신적인 가치관을 지녔지만 아랫사람과의 유대관계가 그리 깊지 못하였고, 유비는 아랫사람과 혈육에 가까운 인간관계를 쌓아 그들로 하여금 자신을 위해 혼신의 힘을 다하게 하였다."

둘 다 한 시대를 풍미한 훌륭한 군주이긴 하지만 후대까지 충성을 다한 인물들을 거론할 때 유비와 함께한 쪽에서는 많은 이름이 나오지만 조조의 진영에서는 생각나는 사람이 거의 없는 것도 이런 이유일 것이다.

이영복 교수는 『보이지 않는 차이』에서 이렇게 표현했다.

"흔히 성공의 7할은 운에서 나온다고 합니다. 그래서 운칠삼기라 하는데, 그 7할의 운은 사람과 사람 사이의 관계에서 나오고 그 관계가 좋은 사람은 1만 명의 행운 천사가 도와주기 때문이라고 합니다."

나의 장인어른은 제약업계에서 35년을 근무하는 동안 총 5군데의 회사를 경험했다. 그런데 이들 회사가 운영하는 OB 모임 중에 유독 열심히 나가는 곳이 있다. 그 회사 제품을 이용하는 것은 물론이고, 심지어 우리에게도 그 회사 제품을 쓰라고 강요 아닌 강요를 한다.

"정말 좋은 회사야. 그런 좋은 회사가 만드는 물건이니 안심하고 써도 되지."

한 회사의 대표로서 진심으로 부럽다. 퇴직한 직원들에게 이런 추억과 자긍심을 간직하게 하고 있으니 말이다. 우리 직원들도 같은 생각을 할 수 있도록 좋은 회사를 만들어보리라 다짐하지만, 결코 쉽지 않은 일임에 틀림 없다. 나 혼자만 잘해서도 안 되고 직원들만 잘해서도 안 되는, 모두가 힘을 모아 만들어야 하는 공동 프로젝트이기 때문이다. 무엇보다도 1만 명의 행운 천사들이 도와줘야 하는데, 그러기 위해서는 항상 감사하는 마음으로 고객, 직원, 사회에 보탬이 되는 일이 무엇인지를 연구하고 실천하려 노력해야 할 것이다.

헌신을 아끼지 않고 있는가?

나를 따르는 사람들을 향한 배려

대한민국 국민들은 어떤 리더를 좋아할까? 예상하겠지만 우리 국민들이 가장 좋아하는 리더십의 주인공은 이순신 장군과 세종대왕이다. 오죽하면 출판업에 종사하는 사람들 입에서 "둘을 주제로 한 스토리는 아무리 못해도 본전은 한다"라는 말이 나올까. 누구나 다 알고 있는 이야기인데도 몇 번을 읽어도 행복하고 가슴이 뭉클하다. 그렇다면 해외에서는 어떤 유형의 리더가 사랑받을까?

기원전 400년 춘추전국시대 중국의 위나라에 오기라는 장군이 있었다. 오기는 최고 사령관임에도 불구하고 평소에 말을 잘 타지 않았을 뿐만 아니라 병사들과 마찬가지로 자신이 먹을 식량과 군복을 배낭에 넣어서 짊어지고 다녔다. 잠을 잘 때도 자리를 깔지 않았고, 행군할 때도 말이나 수레를 타지 않았다. 그러던 어느 날 오기 장군은 등에 난 종기 때문에 사경을 헤매는 한 병사를 발견하였다. 오기가 담당 부대장에게 물었다.

"왜 저 병사의 종기를 왜 치료해주지 않고 그냥 내버려두는 건가?"

"종기가 악성이라서 치료할 약이 없다고 합니다."

"그러면 저 병사를 죽게 내버려둘 작정이요? 할 수 있는 일은 다 해봐야 하는 것 아니오?"

"전쟁을 하다 보면 병사 한두 명 죽는 것은 다반사입니다. 다 신경 쓸 수가 없습니다."

"그걸 말이라고 하는 거요? 저 병사가 당신 자식이라도 그렇게 말 할 것이오?"

그러더니 물을 떠 오게 하고는 종기 부위를 씻어낸 뒤, 칼로 그 부위를 찢고 힘차게 빨기 시작했다. 한 종지나 되는 누런 고름이 빠져나왔다. 오기는 붉은 피가 나올 때까지 상처를 계속해서 빨아냈다. 그 광경을 지켜보던 병사들이 장군 앞에 무릎을 꿇고 오열했다.

또 다른 사례는 『새클턴의 위대한 항해』라는 책을 통해 알려지면서 리더십 강의에 단골로 등장하는 이야기다. 최초의 남극점 정복은 노르웨이의 아문센이 이루었다. 아쉽게도 새클턴의 선배 스콧이 아문센의 기록을 깨지 못하고 남극에서 비극적으로 운명하자, 새클턴은 남극점 정복 대신 남극 대륙 횡단을 계획한다. 그는 27명의 대원과 함께 '인듀어런스호'를 타고 세 번째 남극 탐험 장정을 떠난다. 인듀어런스호는 새클턴을 지상에서 가장 강력한 탐험가, 지도자를 상징하는 아이콘으로 만들었다. 대륙 횡단에는 성공하지 못했지만 남극 빙벽에서 634일을 견디고 전 대원이 무사히 귀환했기 때문이다. 사람들은 이 세 번째 탐험을 '위대한 실패' 혹은 '위대한 항해'라 부르면서 지금도 그의 정신을 추모한다.

다음은 새클턴의 대원 중 한 명이 기록한 일기에서 발췌한 내용이다.

"먹을 것이 다 떨어져 고통스러운 나날을 보내고 있는 와중에도 새클턴은 은밀히 자신의 아침 식사용 비스킷을 내게 내밀었다. 도대체 이런 상황에서 어느 누가 이처럼 철저하게 관용과 동정을 보여줄 수 있단 말인가. 나는 죽어도 새클턴의 이런 마음을 잊지 못할 것이다. 수천 파운드의 돈으로도 결코 그 한 개의 비스킷을 살 수 없을 테니까 말이다."

그리고 다음은 새클턴의 항해 일기에 기록된 내용이다.

"마지막 남은 비스킷 한 봉지씩을 대원들에게 나눠준 날 밤이었다. 모두가 잠이 들었는데 나 혼자 잠을 이룰 수가 없어서 눈을 뜨고 있었다. 그런데 누군가가 살그머니 일어나더니 자기 옆에 자는 친구의 비스킷 봉지를 끌어당기는 것이 아닌가. '친구의 것을 훔치려 들다니, 이런 나쁜 놈이 있나' 하고 소리를 지르려는 찰나, 그는 훔치는 것이 아니라 자기 봉지에서 비스킷을 꺼내 친구의 봉지에 넣고 있었다. 그날 밤 나는 잠을 이룰 수 없었다. 흐르는 눈물 때문에."

좋아하는 리더의 직업이 무엇이든 그가 가진 기본적인 심성은 같다. 바로 나를 따르는 사람들에 대한 헌신적인 사랑이 공통된 리더십의 기본이다. 나는 이것을 '부모의 마음'이라 부르고 싶다. 나는 이런 심성이 우리 사회는 물론 기업의 조직관리에도 절대적으로 필요한 리더십의 요체라고 생각한다. 부모의 마음은 '맹목적인 희생과 엄격한 훈육'을 동시에 담고 있기 때문이다.

그 자리에 오르기 전에는 알지 못한다

직급이 올라갈수록 커지는 중압감

국내 굴지의 대기업에서 해외 영업을 책임지고 있는 선배가 점심을 함께하자고 전화를 걸어왔다. 다른 약속이 없던 터라 같이 점심을 하게 되었는데, 선배가 갑자기 소주를 주문하는 바람에 '낮술'을 하게 되었다. 실은 여러 가지 속상한 일을 누군가에게 이야기하고 싶었던 것이다. 상식적으로 대낮에 술을 한다는 것은 있을 수 없는 일이지만 매출에 대한 스트레스에 마음고생이 심한 선배의 얘기를 듣다 보니 순식간에 각 한 병씩을 비우는 상황이 되었다.

얼굴은 벌게지고 술 냄새도 나고, 이대로는 사무실에 들어갈 수 없다는 생각에 주변 공원을 두세 바퀴나 돌고 들어갔는데 아니나 다를까 평소 군기 반장으로 통하는 A 과장에게 제대로 걸리고 말았다.

"사장님, 혹시 술 드셨어요? 대낮부터 무슨 술을 드셨어요!"

"아니, 그게…… 선배가 하도 권하기에 반주 삼아 딱 한 잔했어."

"딱 한 잔도 술은 술이죠. 대낮부터 술 드시는 거 직원들에게 좋아 보이지 않으니 주의해주세요."

그렇지 않아도 조마조마했던 마음이 더 크게 뛰었다.

A 과장에게 경고(?) 섞인 핀잔을 듣는 순간 오래전 일 하나가 문득 생각났다. 오랜 일본 생활을 마치고 돌아온 지 얼마 되지 않은 무렵, 부서를 책임지고 있는 본부장과 거래처 임원을 모시고 점심을 함께 하게 되었다.

"이사님, 이야기 들었습니다. 이번에 사입부가 분사하게 되었다고요?"

"예, 걱정이 많습니다. 딸린 식솔이 100명이나 되니 본부장님이 많이 도와주십시오."

"아무튼 여러 가지로 어깨가 무거우실 텐데 한 잔 하시죠."

"좋습니다."

정의감에 불타는 젊은 청년에게 보이기에는 민망하다는 생각이 들었는지, 아니면 나를 한국 직원들과는 다른 차원에서 의식한 것인지는 몰라도 그는 나에게 먼저 들어가라고 했다. 그런데 아직도 그날 일이 생생한 것은 낮술 때문이다. 그리고 낮술을 이해하기까지는 오랜 시간이 걸렸다. 40대 중반을 넘어서면서 외부에서 오신 분들의 하소연을 들으면서 낮술을 배우게 되었고, 왜 낮술을 하는지, 그리고 왜 저녁 식사를 하면서 반주를 찾는지 이해하게 되었다. 나도 벌써 그런 나이가 되어버린 것이다. 그 당시 본부장의 나이가 어쩌면 지금의 내 나이와 비슷할 것이다.

세상 살아가는 법을 처음부터 아는 사람은 없다. 나이를 먹어가면서 하나씩 알아간다. 사춘기를 겪으면서 이성을 알고, 결혼을 하고 아이를 키우면서 부모 마음을 이해하게 된다. 조직도 마찬가지다. 팀원이 팀장이 되고, 팀장이 본부장이 되면서 그전까지 이해하지 못했던 많은 것들을 깨닫는다. '이렇게 힘든 자리였구나'라는 생각과 함께 전임자에 대한 이해와 존경심을 갖게 된다면 나중에 그 또한 후배들의 존경과 기대를 받을 수 있을 것이다.

직급이 변한다는 것은 조직의 기대가 변한다는 의미다. 팀원은 주어진 몫만 잘 처리하면 되지만 팀장이 되면 팀원들이 내는 결과에 의해 평가받는다. 본부장도 마찬가지다. 개인의 실력보다 부서원들의 노력에 의해 결과가 나오기 때문에 개인 실적보다는 부서 관리 능력으로 평가받는다. 나 외의 주변인에 신경 쓰는 것도 싫고, 오직 내 일에만 신경 쓰고 싶은 욕구가 강한 사람은 매니저로서의 직급을 얻으려 하기보다 전문가로서의 길을 가는 것이 좋다.

막상 그 자리에 오르기 전에는 팀장이나 본부장에게 요구되는 역할이 무엇인지 알기 어렵다. 그러다 보니 "자기 할 일이나 잘하지 왜 내 일에 간섭하냐"며 관리자의 행동을 오해하는 경우가 생긴다. 심지어 "일은 우리가 다하고 간부들은 놀기만 한다"고 말하는 직원들도 있다. 직급이 올라갈수록 그 중압감도 비례한다는 사실은 막상 그 자리에 올라서야 알게 된다.

　나이를 먹으면 낮술과 저녁 술의 구분이 크게 의미없다. 그저 그 상황에서 내 앞에 닥친 근심 걱정을 나눌 수 있는 누군가가 있으면 기분이 동하여 술을 찾는 것일 뿐이다. 책임지고 있는 가족과 직원들에 대한 중압감도 큰 이유다.

도움 없이 되는 일은 아무것도 없다

조직의 보이지 않는 곳에서 움직이는 힘

사람들은 이력서의 실적을 전부 자신이 했다고 적는다. 상사의 도움으로 수주한 계약은 말할 것도 없고, 선배들의 피와 땀으로 구축한 고객사의 프로젝트 수행 실적도 마치 자신이 한 것처럼 자랑하고 다닌다. 아무리 봐도 여기까지 올라올 사람이 아닌데, 누구의 도움으로 승승장구하고 있는 걸까 의구심이 드는 사람이 한둘이 아니다.

모 중견기업에서 인사를 총괄하고 있는 선배에게 전화 한 통이 걸려 왔다.

"신 사장, 잘 지내지?"

"예, 선배님. 오랜만에 연락 주셨네요. 잘 계시죠? 얼마 전에 M&A로 규모가 두 배로 불어났다는 기사 잘 봤습니다. 일이 많아져서 정신 없으시죠?"

"응, 갑자기 관리해야 할 인원이 두 배로 느니까 정신이 없네. 관련된 얘긴데, 자네 A라고 알지? 신 사장네 회사에서 근무한 적이 있던데."

선배 회사의 HR팀에서 경력직 채용을 위한 구인 공고를 냈는데, 경력이 화려한 A가 지원했다고 한다. 덕분에 임원으로 있는 선배의 눈에 금방 띄었고, 전 직장 중에 우리 회사가 들어 있어 전화를 한 것이었다.

"B 기업에서는 조직 진단을 리딩했고, C 기업에서는 역량 평가안을 설계했고, D 기업에서는 단독으로 부서별 KPI 설정과 팀장 교육을 진행했다고 되어 있더라고. 이력서에 있는 내용이 다 사실이야? 인성은 어때? 그만둔 이유는 뭐야?"

뭐라고 답해야 할지 난감했다. 이력서에 기재된 내용들이 틀린 건 아니지만 대부분이 그의 주도가 아닌 상사의 주도하에 이루어진 일이고, 그는 보조적인 역할을 수행했기 때문이다. 대개 이런 경우는 전체를 관장하는 역량보다는 자료 작성과 산출물의 정리 업무에 치중되기 때문에 새로운 환경에서 주도적으로 일을 처리할 수 있는 능력은 기대하기 힘들다.

살짝 고민이 됐다. 선배의 기업은 근무 조건도 좋지만 비즈니스 흐름을 보았을 때 앞으로 성장할 가능성이 상당히 높았기 때문이다. 내 말 한마디에 그 친구의 미래가 결정된다고 생각하니 미안한 마음이 들었다. 하지만 거짓말을 할 수는 없는지라 위에 열거한 프로젝트별로 그 친구가 수행한 역할에 대해 사실만 전달했다. 나중에 들으니 결국 그 친구는 채용되지 못했다고 한다. 그런데 선배 말에 의하면, 이력서에 자신의 경력을 부풀려서 제출하는 사람들이 한둘이 아니라고 한다. 그래서 반은 믿고 반은 확인해서 걸러낸다면서, 이런 일이 익숙하다고 덧붙였다. 문제는 많은 지원자들이 이력서에 쓴 경력을 실제로 자신이 한 일이라고 믿는다는 데 있다.

유럽에 본사가 있는 PR업체를 경영하는 한 임원에게 들은 이야기다. "큰 광고 프로젝트가 공지되면 담당 팀이 구성되고 며칠간 밤낮없이 작업을 해서 시안을 만들고 광고 샘플을 만들어서 입찰에 참여합니다. 하지만 이런 공식적인 프로세스를 밟아서 수주할 확률은 그리 높지 않습니다. 발주사 담당 임원을 모시고 유럽에 가서 고객사와 비슷한 제품을 파는 회사를 둘러보는 비공식 프로그램을 가동해야 수주 확률이 올라갑니다."

"그런데 일반 직원들한테 비밀로 하는 이유가 무엇이죠?"

"정상적인 프로세스를 통해 본인들의 힘으로 수주했다는 자부심을 만들어주고 싶어서죠. 그래야 실제로 일을 할 때 모티베이션에 영향이 없어요. 직원들 사기 진작을 위해 축하해주고, 진실은 감추는 경우가 많답니다."

"그럼 제안을 주도한 담당 팀장은 전부 본인의 힘으로 수주했다고 착각하겠네요?"

"가끔 본인의 능력으로 큰 금액을 수주했다고 떠벌리는 장면을 볼 때가 있는데 그냥 웃고 말지요."

정말 그런가 싶어 유명 헤드헌팅 기업에서 커리어컨설팅을 하고 있는 후배에게 이력서의 정확도에 대해 물어보았더니 "반만 믿으면 돼요"라는 답이 돌아왔다. 거짓말이라고 할 수가 없는 것이 본인들은 100% 자신의 힘으로 성공시켰다고 믿기 때문이다.

"내 힘으로 완성한 건지, 다른 사람들의 도움으로 성공한 건지 모른다는 게 말이 돼?"

"조직이라는 게 눈에 보이는 몇 가지를 빼면 대부분 보이지 않는 힘으로 성공하는 경우가 많잖아요."

모든 일에는 보이지 않는 손이 개입한다. 누군가는 인연이 없던 기업에 다리를 놓는 역할을 했을 것이고, 누군가는 관심이 없었던 제품에 관심과 흥미를 불러일으키기 위해 폼 나는 제안서를 만들었을 것이고, 누군가는 담당자의 결정에 힘을 보태기 위해 구름 위의 영업을 했을 것이다. 하지만 계약이 성사되는 순간 이런 모든 조력은 사라지고 오로지 '내 노력의 산실'이라는 결과만 남는다. 운이 좋았다는 말로 공을 돌리는 것은 그나마 겸손한 것이다. 어느 것 하나 온전히 내 힘만으로 이룰 수 있는 것은 없다.

자존심은 집에 두고 출근해야 할까?

일에서 받은 상처를 회복하는 길

나는 HR업계에서는 꽤 인지도 있는 회사의 사장이다. 그것도 그냥 사장이 아니라 매출 20조 원을 자랑하는 일본의 거대 기업 리쿠르트 그룹의 한국 시장을 책임지고 있는 최고책임자다. 이렇게만 말하면, 정말 폼 나고 멋있어 보인다. 하지만 현실은 폼 나는 직위를 즐길 여유도 없거니와 그런 대우를 받을 환경도 갖춰져 있지 않다. 본사로부터는 실적 압박에 시달리고, 내부적으로는 끊임없는 수주 경쟁에 임해야 하기 때문이다. 고객사에 들어가 '선생님'이라는 호칭을 들으며 품격 있는 행동과 미소를 받는 역할은 현장 직원들에게 맡긴 채, 나는 오늘도 새로운 고객사를 발굴하기 위해 여기저기 전화를 돌려 아쉬운 소리를 한다. '사장은 최고의 영업 사원'이라는 마음으로.

간부들의 리더십 계발이나 자사에 맞는 인사 제도 등을 구축하는

HR 컨설팅은 반드시 해야 하는 일은 아니다. 일단은 먹고사는 생존의 문제가 해결된 이후에 고민하는 부수적인 분야다 보니 기업들이 나서서 우리를 찾아오는 경우보다는 우리가 먼저 고객들을 발굴하고 제안하는 경우가 훨씬 많다. 그러다 보니 언제부턴가 내 주요 임무는 끊임없는 고객 발굴이 되어버렸다. 이런저런 모임에 빠지지 않고 참석하는 이유가 영업 목적은 아니지만, 그렇다고 영업과 전혀 상관이 없다고 할 수 없는 이유도 여기에 있다. 모임이 있는 날이면 두툼한 명함첩을 들고 나가 처음 보는 사람들을 상대로 열심히 명함을 돌린다. 지금 당장 무언가를 바라서라기보다는 꾸준히 관계를 이어가다 보면 내가 필요한 날이 오겠지 하는 막연한 기대 때문이다.

하지만 이런 공식적인 만남에서의 인연이 비즈니스로 이어질 확률은 거의 없다. 이유는 두 가지다. 하나는 참석하는 사람들의 대부분이 외부에서 알게 된 사람과 비즈니스로 엮이는 것을 꺼리기 때문이고, 다른 하나는 요즘은 현장 담당자가 필요한 것을 조사하고 결정하는 '실무 담당자 의사 존중 프로세스'가 일반화되어 있기 때문이다. 그럼에도 불구하고 모임에 얼굴을 내밀고 명함을 돌리는 이유는 혹시나 하는 마음에, 여기 있는 사람들이 속해 있는 회사 중에 누군가가 프로젝트를 준비하고 있을지도 모른다는 전제하에, 그럴 경우 실무자 선에서 있을지 모르는 공개 경쟁에서 좀 더 유리한 고지를 점하기 위해서다. 문제점을 파악하거나 지향하는 바를 고민함에 있어 잠재 고객의 내부에 있는 경영진의 의견은 제안서를 꾸미는 데 비교할 수 없는 경쟁력이 되기 때문이다.

반면, 빈도는 극히 낮지만 효과가 높은 영업은 개인적인 친분 관계에 있는 사람들을 통한 영업이다. 이 경우는 많은 시간을 함께하면서 나눈 사적인 정분이나 이해관계를 넘어 상호 신뢰가 바탕에 깔려 있기 때문에 안건만 있다면 어렵지 않게 수주로 이어갈 수 있다. 하지만 믿는 만큼 실망도 크다는 말처럼 혹시나 믿었던 사람이 그에 상응하는 역할을 해주지 못할 경우에는 자존심에 큰 상처가 나는 치명적인 단점도 있다. 그래서 영업 선배들은 "자존심은 냉장고에 넣고 출근하는 거야"라고 했다.

　어느 구름에서 비가 올지 모르니 평소에 인간관계를 잘 관리해둬야 한다. 나는 이 말을 "만나는 모든 사람들을 소중히 하고, 그들에게 최선을 다하라"는 의미로 바꾸어 해석하고 싶다. 사욕이 있어서가 아니라 사람으로서의 기본 도리이기 때문이다.

KI 신서 7038

5 Questions,
성장하는 조직의 다섯 가지 질문

1판 1쇄 발행 2017년 7월 28일
1판 2쇄 발행 2017년 8월 18일

지은이 신경수
펴낸이 김영곤
펴낸곳 ㈜북이십일 21세기북스
출판기획팀장 정지은 **책임편집** 문여울
출판사업본부장 신승철
출판영업팀 이경희 이은혜 권오권 홍태형
출판마케팅팀 김홍선 배상현 신혜진 김선영 박수미 나은경
홍보기획팀 이혜연 최수아 김미임 박혜림 문소라 전효은 백세희 김솔이
제작팀장 이영민

출판등록 2000년 5월 6일 제10-1965호
주소 (413-120) 경기도 파주시 회동길 201(문발동)
대표전화 031-955-2100 **팩스** 031-955-2151
이메일 book21@book21.co.kr

(주)북이십일 경계를 허무는 콘텐츠 리더
21세기북스 채널에서 도서 정보와 다양한 영상자료, 이벤트를 만나세요!
장강명 작가, 가수 요조가 함께하는 북캐스트 〈책, 이게 뭐라고〉
페이스북 facebook.com/21cbooks **블로그** b.book21.com
인스타그램 instagram.com/21cbooks **홈페이지** www.book21.com

ISBN 978-89-509-7083-3 03320